内地
社会工作实务手册
香港督导经验汇编

香港·社会服务发展研究中心　主编

# 禁毒社会工作实务手册

JINDU SHEHUI GONGZUO
SHIWU SHOUCE

香港·社会服务发展研究中心　著

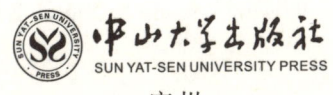

中山大学出版社
SUN YAT-SEN UNIVERSITY PRESS
·广州·

版权所有 翻印必究

**图书出版编目（CIP）数据**

禁毒社会工作实务手册/香港·社会服务发展研究中心著.—广州：中山大学出版社，2013.6

（内地社会工作实务手册：香港督导经验汇编/香港·社会服务发展研究中心 主编）

ISBN 978-7-306-04403-7

Ⅰ.①禁… Ⅱ.①香… Ⅲ.①禁毒—社会工作—中国—手册 Ⅳ.①D669.8-62

中国版本图书馆CIP数据核字（2012）第309714号

| | |
|---|---|
| 出 版 人： | 徐　劲 |
| 策划编辑： | 葛　洪 |
| 责任编辑： | 葛　洪 |
| 封面设计： | 曾　斌 |
| 装帧设计： | 林绵华 |
| 责任校对： | 曾育林 |
| 责任技编： | 何雅涛 |
| 出版发行： | 中山大学出版社 |
| 电　　话： | 编辑部 020-84111996，84113349，84110779，84111997 |
| | 发行部 020-84111998，84111981，84111160 |
| 地　　址： | 广州市新港西路135号 |
| 邮　　编： | 510275　　传　真：020-84036565 |
| 网　　址： | http://www.zsup.com.cn　E-mail:zdcbs@mail.sysu.edu.cn |
| 印 刷 者： | 广州市怡升印刷有限公司 |
| 规　　格： | 787mm×1092mm　1/16　19印张　232千字 |
| 版次印次： | 2013年6月第1版　2013年6月第1次印刷 |
| 印　　数： | 1～5000册　　　　定　价：60.00元 |

如发现本书因印装质量影响阅读，请与出版社发行部联系调换。

## 《禁毒社会工作实务手册》
## 编委会成员及鸣谢名单

**编委会**

周敏姬　梁祖彬　李永伟　彭盛福　李强富
陈晓晖　陈秋莲　卓冰峰　邹耀铨　林梓卿

**鸣谢**

深圳及东莞社会服务机构及社工

# 特别说明

业内通常将社会工作者、社会工作一并简称为"社工",循此惯例,本书行文间未对二者加以严格区分,一律简称"社工",特此说明。

禁毒社会工作实务手册

# 内容介绍

- 基础参考资料
- 介绍建立禁毒服务的过程及步骤
- 与医生、法官、执法人员等专业人士合作技巧
- 开展社会工作要素、挑战及反思
  1. 禁止新型毒品社会工作服务
  2. 康复后与社会接轨
  3. 毒品趋势和户籍问题
  4. 资源及配套服务整合
- 典型个案
  1. 美沙酮药物维持治疗戒毒案例
  2. 无缝接轨戒毒案例
- 小组
   成长困惑——禁毒主题班会教案
- 服务常见毒品介绍
- 《中华人民共和国禁毒法》介绍

# 前言

自党的十六届六中全会提出"建设宏大的社会工作人才队伍"任务以来，内地社会工作即开始步入蓬勃发展的轨道。2010年，国务院又明确提出要培养造就一支职业化、专业化的社会工作人才队伍，到2020年使我国社会工作人才总量达到300万人。关于社会工作一系列重大方针政策的出台，无疑标志着我国的社会工作正在迎来一个蓬勃发展的真正春天。

但事实上，内地社会工作依然处于起步阶段，服务使用者对于社会工作或者有所顾虑，或者未必愿意使用，社会工作者的专业角色、专业身份也难以得到应有的肯定。因而，就目前内地社会工作的发展而论，无论是政府、社工机构还是前线社工，都尚存在诸多迷茫。那么，究竟应该如何定义社工，社工到底又该扮演何种角色呢？

所谓社工，乃是系统接受过社会工作专业训练，包括社工价值及理念、个案/小组/社区工作方法及技巧、社会心理学、社会学、统计学、社会行政管理等训练的人员。就其属性而言，社工是一种需要付出有偿劳动的专门职业，通过对人的需要、人与社会不同系统之间互动关系的能动理解，以科学的步骤、计划、方式，介入服务对象的问题理解、问题解决过程，以提升其问题解决能力，并通过促进社会环境的改善而使人生活得更加幸福和谐。在实务工作中，社工担负着诸如危机评估者、倡导者、协调者、经纪人、教育者、赋权者、研究者、辅导者、策划者、关怀者及资源审批者等多重专业角色。究其本质，社会工作者不仅根本区别于"工、青、妇"等组织的工作人员，而且也不等同于民政工作者，更不同于街道、居委会工作人员。因而，突破传统理念的束缚，建设宏大的现代社会工作人才队伍，对于内地社工事业而言，是一项任重而道远的事业。

经过长期不懈的努力，以中西荟萃的政治、经济、文化为发展背景的香港地区，已经较为成功地建立了一套现代社会服务模式，并建立了较为成熟的专业社会工作体系。值

# 前言

此内地社会工作发展的春天来临之际,加强社会服务经验交流、促进社会服务工作配合,充分发挥香港作为内地改革开放"桥头堡"作用,无论是对香港地区还是对内地社会服务事业发展都会有莫大的裨益。

促进香港与内地社会福利服务的交流和发展,是社会服务发展研究中心(以下简称"社研")成立的根本宗旨。自2008年起,"社研"便与深圳市社会工作者协会就"深圳计划"展开合作。通过组织香港社会服务机构的资深社工赴深圳为社工提供督导服务,"深圳计划"已经取得了良好成效。受人力及地域等因素的限制,为全国提供督导服务并完成国务院2010年所提出的至2020年培养300万名专业社会工作人才的任务,对于至2011年11月1日仅拥有16608名注册社工的香港而言,几乎是难以完成的使命。针对近年来内地已经出版涉及社会工作各服务领域的很多理论著作,但实务技巧指导书籍相对缺乏的实际情况,"社研"组织此次参与内地督导计划的香港督导集结经验，专门为内地社工、督导与机构编撰成《内地社会工作实务手册：香港督导经验汇编》（以下简称《实务手册》）。这套《实务手册》暂为6册，包括"禁毒"、"学校"、"医务"、"家庭"、"社区"社会工作及"正向心理学"，随后其他社会工作领域实务手册也将陆续问世。在阐述相关服务领域基本理论知识的基础上，这套《实务手册》格外强调经验、实务技巧及案例的分享。使阅读这套《实务手册》的任何一位社工，基本掌握社会工作实际服务手法并能推行服务，是"社研"编撰、出版这套《实务手册》的基本目的。

这套《实务手册》大致采用了统一的编撰体例。具体来讲，《禁毒社会工作实务手册》、《学校社会工作实务手册》、《家庭社会工作实务手册》、《社区社会工作实务手册》和《医务社会工作实务手册》，都是从介绍社会工作及该领域服务的发展背景入手，循序详细阐述了该领域社工的目的、角色、价值、工作范围、服务对象及服务内容，领域

# 前言

社工机构与派驻人员的管理及权责，领域社会工作的考虑要素、挑战及反思，建立服务的过程及主要步骤，领域社会工作的行政要求，领域社会工作成效评估体系，以及社工如何与不同领域及专业人士合作等内容。特别需要指出的是，这套《实务手册》都提供了典型个案、小组和活动分享，并附有香港督导的细致点评，以期使前线社工与督导有所借鉴和参考。《正向心理学实务手册》则在介绍"全人乐·乐传人"培训项目发展背景、目的、理论与意义、服务计划与实践之外，附带了培训工作坊讲义与作业，以便使读者有如同亲自参加工作坊、理解和运用正向心理学的感受。

以"一册在手，良师益友"为指导思想，"社研"编撰这套《实务手册》的根本目的是，为香港和内地业界同仁和单位共同深化社会工作专业发展、推动社会福利服务，发挥抛砖引玉的作用。

### 中华人民共和国民政部 罗平飞副部长

作为许多国家和地区深化社会服务、创新社会管理、加强社会建设的一项重要制度安排，专业社会工作的兴起和发展，是人类文明进步的一个重要标志。发展专业社会工作，加强专业社会工作人才队伍建设，是中央政府在深刻总结国内外经济社会发展经验、全面把握我国社会发展阶段性特征的基础上，从国家发展全局出发实施的一项重大举措。

近年来，在中央政府高度重视和大力推动下，内地专业社会工作政策制度日益健全、体制机制不断完善、试点实践渐趋深入、载体平台逐步夯实、水平评价稳步推进、教育培养快速发展。专业社会工作在维护社会公平正义、倡导诚信友爱、调节社会关系、激发社会活力、保障社会秩序等方面的职能作用日渐显现。随着《关于加强社会工作专业人才队伍建设的意见》和《社会工作专业人才队伍建设中长期规划（2011—2020年）》的发布实施，内地专业社会工作正迎来新的发展机遇、进入新的发展阶段。而如何切实贯彻落实国

家关于专业社会工作的整体部署和政策要求，加快引进先行国家和地区的经验，尽快提升专业社会工作实践水平，不仅是当前和今后一个时期内地社会工作发展所面临的一项重要任务，也是需要着力破解的一道重大难题。

香港是中国乃至世界专业社会工作发展水平较高的地区。香港社会工作界积极参与内地专业社会工作事务，在合作实施专业社会工作服务项目、协助督导社会工作专业人才、促进专业社会工作实务发展等方面，为内地做了大量工作，创造了不少具有内地风格、体现内地特点的鲜活经验。总结、提炼这些好的经验，对于指导内地专业社会工作发展，显然具有非常重要的意义。作为相对系统而全面地总结、梳理、提炼了内地专业社会工作实务经验的一项有益尝试，社会服务发展研究中心策划编撰的《内地社会工作实务手册：香港督导经验汇编》，是适应内地专业社会工作实践发展需求的一项创新性探索。相信这套《内地社会工作实务手册》的出版，必将进一步丰富内地专业社会工作的研究成果、提升内地社会工作的实务水平。

2011年11月

# 序二

**中央人民政府驻香港特别行政区联络办公室社会工作部
张铁夫部长**

　　值此全国"两会"召开之际，社会服务发展研究中心的又一力作——内地《社会工作实务手册：香港督导经验汇编》（以下简称《实务手册》）。这套《实务手册》的出版，不仅对于帮助内地社工成长具有重大意义，对于有志进入内地工作的香港社工也大有裨益，我谨在此表示衷心的祝贺。

　　经过多年不懈的努力，在推动香港与内地社会工作专业的交流与合作方面，社会服务发展研究中心因取得丰硕成果而屡获国家有关部门、地方政府，尤其是民政部门的好评。2007年至今，为配合国家大力推进社工人才队伍建设工作，"社研"团结香港业界力量，组织、派遣近百名资深香港社工督导，为深圳、东莞、广州等地提供督导及培训服务，极大地促进了上述诸地社工人才队伍建设，赢得了业界人士和内地有关部门的赞誉。凝聚"社研"辛勤劳动的汗水的内地

社工专业的快速发展，体现了香港同胞关心、支持祖国内地社会建设，服务内地同胞的诚挚感情，我对此深表敬佩。

这次社会服务发展研究中心组织参与内地服务的香港督导所撰写的《内地社会工作实务手册：香港督导经验汇编》，作为香港督导参与内地社工督导过程的经验总结，是继《先行先试：深圳社工专业闪亮点》一书之后的又一重大成果。旨在推行社会服务理论与规范的《实务手册》，涉及"禁毒"、"学校"、"医务"、"家庭"、"社区"五大社会工作领域以及"正向心理学"，既有理论阐述，更侧重实务技巧与案例分析，是这套《实务手册》的基本特色。这套《实务手册》深入浅出，一册在手，就能让从业者基本掌握专业操作方法，十分值得内地社会工作者悉心研读。

党的十六届六中全会将建设宏大的社会工作人才队伍确定为战略决策，而在民政部的推动下，内地各级政府近年来均在积极发展专业社会工作。而培养造就一支职业化、专业化的社会工作人才队伍，使全国社会工作人才总量在2020年达到300万人，已经被确立为国家的一项重要战略任务。由此可以预见的是，社会工作正迎来蓬勃发展的美好明天。在此，我衷心希望社会服务发展研究中心一如既往地团结界内有志机构和同工，进一步扩大与内地开展专业交流和务实合作的区域与范围，打造与内地真诚交流、务实合作的品牌。为此，我希望社会服务发展研究中心继续不懈努力，为深化内地及香港社会工作专业发展，推动社会福利服务事业作出新的更大贡献。

2011年11月

# 序三

**香港特别行政区政府社会福利署　聂德权署长**

在2011年4月出版《先行先试：深圳社工专业闪亮点》至今的短短大半年间，社会服务发展研究中心又编撰了一套6册的《内地社会工作实务手册：香港督导经验汇编》（以下简称《实务手册》），共6册，就"禁毒"、"学校"、"医务"、"家庭"、"社区"社会工作及"正向心理学"六大社会工作范畴阐述了相关经验、实务技巧和案例。这套《实务手册》的出版，对于极为渴求实务操作知识的内地社会工作者来说，实在是一件难能可贵的事情。

香港的社会工作能够稳健发展，新旧社会工作者能够交替承传，新入职社会工作者可以顺利肩负起不同类别的社会工作，除了有赖资深督导人员的教导外，也十分倚重各类在业界广泛使用的程序指引及工作手册，它们使社工得以应付不同服务的要求。内地的社会工作刚刚起步，需要更多方面的专业化支持，包括督导人员、工作标准、程序指引和工作手册，以让社会工作者更易掌握社会工作理论在实务方面的应用,从而提升工作成效。今天,有赖香港经验丰富的督导人员,透过"深圳社工计划"及其在东莞及"珠三角"地区合作开展的社工培训计划,将他们宝贵的实战经验广泛流传,使内地更多社工能够更快地掌握基本的社会工作实际技巧,进而发挥所学,实践社会工作手法,助人自助,解决个人及社会问题。这套《实务手册》更难能可贵之处在于,将香港地区经验与内地的具体国情有机结合起来。以医务社会工作为例,在处理"三无"病患及内地医患矛盾的同时,也将香港"以儿童为重,家庭为本,社区为基础"的先进服务理念及"一站式服务"手法推展至内地。同时,这套《实务手册》十分重视成效评估,因而提供了详尽的标准和指标,以供社工实际应用。而值得特别一提的是,这套《实务手册》还加入了正向心理学元素,从而在强调处理病态问题的同时,更将社会工作对象延展至正常人。倡导正向心理的目的,乃是透过"全人乐·乐传人"理念,增强社会工作者及受助人的抗逆能力,使其建立积极乐观的人生态度。

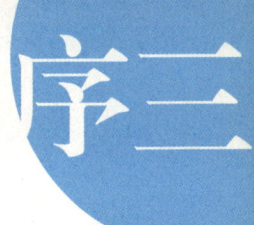

  这套《实务手册》，实在是香港社会工作督导人员辛劳努力的成果和智力心血的结晶。据此，也可以看出他们默默服务于内地专业社会工作的奉献精神及其为推动内地社会工作发展而敢于担当的责任感和使命感。在为这一崇高精神喝彩之余，我谨此向他们致以万分的敬意。最后，我也借此机会，感谢社会服务发展研究中心（"社研"）一直以来为推动内地社工督导和培训所付出的辛苦和努力。联系香港和内地社会福利界，拉近香港和内地社会工作者的距离，无疑是近年来"社研"的一以贯之的努力方向。为此，我衷心祝愿"社研"在向内地推展社会工作方面能继续取得更大的成就。

2011年11月

# 序四

**深圳市社会工作者协会　李锦灶会长**

首先,我热烈祝贺香港社会服务发展研究中心("社研")的大作——《内地社会工作实务手册:香港督导经验汇编》的出版问世!

承蒙"社研"邱浩波主席的厚意,邀我为该套手册撰写序言,感谢之至。我非专家学者,更非社会名流,充其量只是一位社会工作爱好者,顶多也只能算作一位热心于推动社会工作发展的实际工作者。本不够资格作序的我,出于合作伙伴的友情,不便推辞,只好滥竽充数。

香港在专业化社会工作和社会服务方面,已经积累了70多年的经验。而包括深圳在内的内地各省市,在这方面仅仅是刚刚起步。有幸的是,我们有香港经验可以借鉴,因而可以走些捷径。也就是说,我们可以站在巨人的肩膀上去攀登高峰。

"社研"一直致力于促进香港与内地社会服务机构的交流与合作,真诚协助内地发展社工专业服务。自2008年开始,"社研"即开始与本会携手合作实施"深圳社工计划",从而促进了深圳专业化社会工作的大发展,并使深圳

# 序四

成为引领内地社工制度创新城市，为全国起到了带头示范作用。借此机会，我谨以深圳社会工作协会会长的名义道一声："香港社会服务发展研究中心的同仁们，感谢你们对我们的帮助和指导！"

我读了"社研"邱主席发来的关于《内地社会工作实务手册：香港督导经验汇编》（以下简称《实务手册》）简介的邮件，受益匪浅。这套《实务手册》共6册，包括"禁毒"、"学校"、"医务"、"家庭"、"社区"社会工作以及"正向心理学"。这套《实务手册》介绍了上述领域社工的专业操守、服务内容、工作范围、专业价值、评估标准、服务素质、服务流程和模式等。它不仅是一线社工、初级督导的指导教材，同时也是社工机构的管理指南，还可以说是广大社会工作者的良师益友。更难能可贵的是，这套《实务手册》能切实结合中国内地具体情况，以探索社会工作本土化这一重大命题，这无疑将对包括深圳在内的内地社会工作专业化、本土化进程起到巨大的推动和加速作用。

2011年11月

# 序五

**社会服务发展研究中心主席 邱浩波太平绅士**

　　一直以来，社会服务发展研究中心始终致力于推动内地及香港本地社会服务事业的发展。自2008年3月起，"社研"即开始与深圳市社会工作者协会合作实施"深圳社工计划"，先后组织香港的15间社会服务机构派出资深社工为深圳社工提供督导服务。这次深港两地的务实合作，使深圳分享了香港在社会工作实务及制度方面所积累的宝贵经验。截至目前，"社研"所派出的约60名香港社工督导，累计督导深圳社工已超过千人，而且已为深圳培养出了一批优秀的初级社工督导。在2011年10月21日专门举办的表彰大会上，"社研"、"深圳社工计划"的协办机构及香港督导的贡献，受到深圳市政府的正式表彰和高度肯定。尽管"深圳社工计划"已经取得了丰硕成果，但"社研"依然未敢稍加懈息，而是刻不容缓地于广州、东莞以及内地其他地区，积极开展培养专业社工队伍的工作。上述的不懈努力，现均已初见成效。

# 序五

因为我们深知以文字保存这些珍贵工作经验的重要性，所以先于2010年4月出版了《先行先试：深圳社工专业闪亮点》。鉴于社会对该书反响十分热烈，而且内地业界对实务技巧指导书籍需求量也非常大等因素，故而"社研"再次组织编撰了这套《内地社会工作实务手册：香港督导经验汇编》（以下简称《实务手册》）。这套《实务手册》共6册，内容涉及"禁毒"、"学校"、"医务"、"家庭"、"社区"社会工作以及"正向心理学"，其他社会工作领域的实务手册也已纳入编撰出版规划。我们认为，尽管不是所有内地社工都有机会接受香港督导的培训，但这套《实务手册》完全可以协助内地社工掌握基本服务工作手法并在内地各省市开展社工服务。就其基本特征而言，《实务手册》实际上不是一套介绍香港社会服务的实务手册，而是切合内地实际情形和具体需求，融香港一般性实务技巧与香港社工督导在内地推行社会服务的本土化经验为一体，兼具本土化与专业性两大鲜明特征的实务手册。

在此，我要特别鸣谢不辞劳苦地贡献于国家的"社研"的相关人员、香港督导以及内地社工，还有这套《实务手册》编撰小组的成员们。如果没有你们的辛勤努力，就没有这套集结六大社会服务领域宝贵经验的手册的问世。最后，我还要诚恳地感谢支持并阅读这套《实务手册》的您！

2011年11月

# 目录

**A  服务简介 /1**

### 1.1 社会工作发展背景 /2
- 1.1.1 社会工作发展背景简述 /2
- 1.1.2 禁毒社工发展背景 /4
- 1.1.3 深圳、东莞的社工发展背景 /6
- 1.1.4 深圳、东莞禁毒社工的发展 /8

### 1.2 禁毒社工的服务目的、角色（包括社工价值）、服务对象及工作范围 /10
- 1.2.1 禁毒社工的服务目的 /10
- 1.2.2 禁毒社工的服务角色 /11
- 1.2.3 禁毒社工的服务对象 /15
- 1.2.4 禁毒社工的服务范围 /16

### 1.3 社工机构与派驻人员的管理及权责 /18
- 1.3.1 社工机构的主要责任 /18
- 1.3.2 用人单位的主要责任 /18
- 1.3.3 本土或香港督导的主要责任 /18
- 1.3.4 社工机构、用人单位及督导之间的关系 /19

1.3.5　社工机构与用人单位合作的注意事项 /20
　1.4　禁毒社会工作的挑战及反思 /20
　　1.4.1　新型毒品渗透力强 /21
　　1.4.2　康复人员融入社会难 /22
　　1.4.3　流动人员加剧毒品扩散 /23
　　1.4.4　现行配套资源不能满足需求 /24

# B　服务提供——建立服务的过程及主要步骤 /25

　2.1　与谁联络——建立工作关系 /26
　　2.1.1　摸底排查 /26
　　2.1.2　美沙酮门诊协作 /27
　　2.1.3　戒毒所无缝接轨 /28
　　2.1.4　社区、学校禁毒宣传 /29
　　2.1.5　派驻人员的考量 /30
　2.2　个案工作流程 /31
　　2.2.1　一般个案处理程序 /31
　　2.2.2　开立个案的基本条件 /33
　　2.2.3　个案跟进 /34
　　2.2.4　结束个案的理由 /36

2.2.5 结案时应注意的事项 /37
2.2.6 危机处理 /39
2.2.7 困难及解决方法 /47
## 2.3 小组工作流程 /50
2.3.1 一般小组指引 /50
2.3.2 主题性小组 /54
2.3.3 小组开展所面临的困难及解决方法 /55
## 2.4 活动 /57
2.4.1 一般活动指引 /57
2.4.2 活动开展所面临的困难及解决方法 /66
## 2.5 推广禁毒社会工作的方法 /70
2.5.1 主动与社区、机构、企业等建立协作关系 /70
2.5.2 善用电脑网络 /70
2.5.3 建立禁毒义工团队,协助开展禁毒宣传教育 /71
2.5.4 关注时事,回应禁毒相关问题 /71
2.5.5 制作宣传资料 /71
2.5.6 定期在社区社工站提供服务 /72
2.5.7 与戒毒康复人员协作 /72

## C 禁毒社会工作的行政要求 /73

### 3.1 人员配备 /74
### 3.2 社工、督导助理及督导的专业背景与相关经验 /74
3.2.1 一线社工的专业背景及相关经验/74
3.2.2 督导助理的专业背景及相关经验/75
3.2.3 见习督导/初级督导的专业背景及相关经验/76
3.2.4 督导助理及见习/初级督导之职责/76

### 3.3 办公室及设备等配置 /77
3.3.1 办公室配置主要建议/77
3.3.2 办公室辅助设施配置/78

## D 禁毒社会工作成效评估 /79

### 4.1 工作指标 /80
4.1.1 订立工作指标的方法及原则/80
4.1.2 禁毒工作目标/81
4.1.3 服务量、成效及服务内容指标/82

### 4.2 禁毒社工的个人服务表现评估指标 /84
4.2.1 社工的服务表现及成效/84
4.2.2 评估社工的服务表现及成效/84

### 4.3 服务时间 /86

4.4 质素监管和服务质素标准 /87
    4.4.1 一般服务质素标准（SQS）简介/87
    4.4.2 禁毒社工服务工作流程中的质素监管重点/88
    4.4.3 建立服务流程和模式/90
    4.4.4 社工与其他服务人员的培训及继续教育/96

**E 禁毒社工如何与不同领域及专业人士合作 /101**

**F 典型个案 /105**
    6.1 个案一：迷途旅人的回归——美沙酮药物维持治疗戒毒人员案例 /106
        6.1.1 案例背景/106
        6.1.2 评估/108
        6.1.3 服务计划/110
        6.1.4 介入过程/113
        6.1.5 评估/119
        6.1.6 结案/120
        6.1.7 结案原因/120
        6.1.8 专业反思/121
    6.2 个案二：阿虎的故事/123
        6.2.1 案例背景/123
        6.2.2 问题分析/124

　　　　6.2.3　服务目标/126
　　　　6.2.4　服务策略/127
　　　　6.2.5　介入过程/128
　　　　6.2.6　评估/132
　　　　6.2.7　结案/132
　　　　6.2.8　专业反思/133

**G 活动教案分享 /137**
　　7.1　禁毒主题班会成长困惑之"向左走，向右走"/138
　　　　7.1.1　活动过程/138
　　　　7.1.2　活动总结/144
　　参考资料一　成长困惑情景剧/149
　　参考资料二　活动反馈表/158

**H 服务接受者分享 /161**
　　8.1　你们的付出　我们懂得/162
　　8.2　一日游之感悟/165
　　8.3　总结/168

**附录 /169**
　　附录一　常见毒品介绍/169
　　附录二　社工个案工作常用手法与技巧/201

附录三　学校禁毒工作指引 /205
附录四　深圳市社工督导人员工作职责手册 /210
附录五　成长困惑之"向左走，向右走" /218
附录六　中华人民共和国禁毒法 /231
附录七　中华人民共和国禁毒条例 /250
附录八　戒毒领域词汇解释 /264

参考文献 /271

# A

服务简介

## 1.1 社会工作发展背景

### 1.1.1 社会工作发展背景简述

社会工作发源于英国,再扩展至美国及世界各地。就英美等西方国家而言,社会工作起源于社会救助、救济工作和慈善活动,后逐渐演变成一种以提供社会服务为主的职业。以1601年伊丽莎白《济贫法》颁布实施为标志,英国政府便开始正式介入针对特殊群体的救助、保障和福利事业的组织与管理,此乃政府提供社会服务的正式开端。

欧美国家的社会工作起源于19世纪末的各种志愿性、慈善性、专职性社会救助事业。如英国在1869年成立的慈善组织协会(COS),运用针对个人问题的个案工作方法,其中"安置运动"和"青年俱乐部运动"所使用的工作形式,可被看做小组社会工作模式的雏形。皇家义务医院于1895年开始雇用专职施赈人员,甄别哪些患者能够承担医疗费,哪些

## A 服务简介

患者需要免费救助,这些医院施赈人员便是医务社会工作者的前身。住宿照顾社会工作,则起源于救助被遗弃儿童的志愿组织。

19世纪以后,社会服务和社会工作在演变过程中渐趋职业化、专业化和专门化。社工所提供的社会服务,日益渗透到社会各个领域和人群。专门化的服务分类,例如家庭和儿童福利、老人服务、康复服务、青少年服务、社区服务、医务服务和犯罪辅导等逐渐应运而生。服务覆盖面逐渐广泛,服务方法专门化,专业介入开始成为正式职业。社工必须经过专业训练并通过专业资格认证,才能注册成为专业社会工作者,而注册后的职业身份是受法律保护的。

## 1.1.2 禁毒社工发展背景

从20世纪50年代开始，中国政府就一直致力于禁毒工作。近年来，禁毒工作内容已经由以打击鸦片贩卖活动、协助吸毒人员戒除白粉为主，转向预防新型毒品的发明与扩散为主；禁毒工作方式也正在由以执法打击为主，向引入康复、预防及禁毒社会工作等，以构建整体禁毒模式转型，多专业配合，以完善禁毒工作方式，是整体禁毒模式的基本内涵。

早在1950年，政府即发布《关于严禁鸦片烟毒的通令》，大力开展严禁鸦片烟毒的工作，鸦片烟毒曾一度基本禁绝。1998年，公安部成立禁毒局，禁毒改由专门机构统一执行。2000年，国务院办公厅发布《中国的禁毒》白皮书。2007年12月，全国人民代表大会常务委员会通过的《中华人民共和国禁毒法》，为禁毒工作奠定了法律基础。

# A 服务简介

《中华人民共和国禁毒法》（以下简称《禁毒法》）明确界定，吸毒者具有病人、违法者、受害者三重属性，由此而决定了对于吸毒人员，政府既应惩罚又应教育和救治。该法首次将社区戒毒、社区康复、戒毒药物维持治疗等列入条款，补充了增设戒毒康复场所等内容。同时，还就帮助吸毒者接受药物治疗、心理治疗以及法制教育、道德教育等做出了具体的规定。将吸毒人员界定为病人和受害者，而非单纯的违法者，不仅体现了《禁毒法》的人道主义精神实质，而且也为构建整体禁毒防控体系，用执法打击以外的手段包括加入美沙酮治疗、社工辅导等多专业配合，整体综合防控毒品滥用提供了法律依据。

## 1.1.3 深圳、东莞的社工发展背景

根据中共十六届六中全会通过的《关于构建社会主义和谐社会若干重大问题的决定》中所提出的"提高专业化社会服务水平"的战略部署，2007年10月，深圳市委、市政府制定了《关于加强社会工作人才队伍建设推进社会工作发展的意见》等"1+7"系列文件，在全国率先开展以初步建立有深圳特色的社会工作制度体系为内容的社会工作试点工作，中国内地专业社工应运而生。

为推广社工工作，深圳市政府依据"1+7"文件规定，开始向民间社会福利机构购买社工服务，同时把社工岗位引入政府部门及相关机构。因社工服务场地设施匮乏，所以自2003年开始，深圳采用了以岗位服务为主的社工工作模式。社会福利机构派出社工到不同机构（如禁毒工作办公室、"禁毒办"等）从事社会工作，是这一工作模式的基本形式。随后深圳市政府又开始探索项目服务模式。至2010年，深圳民间社工机构已发展至39间，全市注册社工已达885名，其中岗位社工813名、项目社工72名，社工服务分布于全市各区的民政、司法、教育、卫生、社区、信访、计生、人民调解、残

## A 服务简介

疾人、老人、妇儿等广泛的社会工作领域，预计全市还将新增社工岗位400余个。

在增设社工岗位的同时，深圳市政府还开始大量引入香港专业督导，以协助深圳社工团队建设。香港专业督导除培训一线社工的专业工作技巧、提升其专业价值及职业操守外，也协助发展社工督导助理，并对见习督导进行培训，培育本土化的专业团队，以便促进深圳市社工服务工作的系统发展。同时，香港专业督导还协助深圳制定了《社工机构行为规范指引》、《社工机构评估办法》、《社工行为准则》、《社工行业投诉处理办法》等规范性文件，初步构建起深圳的社工监管制度体系。

经过一段时间的酝酿、筹备，东莞市的社会工作也于2009年底进入正式实施阶段。经过10天入职培训，首批172名社工正式上岗，是东莞社会工作正式起步的标志。与深圳市的要求相同，上岗的社工均须具有社会工作专业本科及以上学历，且须获得助理社会工作师或社会工作师专业技术资格。同时，东莞市政府与社会服务发展研究中心合作，分两个阶段先后引入由香港不同社会福利机构派出的15名资深香港专业督导，协助指导东莞的首批社工。

## 1.1.4 深圳、东莞禁毒社工的发展

　　2008年10月，深圳市禁毒工作办公室（以下简称"禁毒办"）将福田区作为禁毒社工进驻社区的试点单位。试点工作采取"政府购买、民间运作"方式，委托"春雨"和"升阳升"两间社会工作服务机构运作，所聘请的首批12名社工于当年11月正式上岗。深圳市社区第一个禁毒社工工作站——"深圳市禁毒社工福田试点工作站"于12月23日在福田区福华社区工作站正式成立。两间社工服务机构分别从香港聘请专业督导，每周对具体的帮教工作进行指导。专业督导为禁毒社工福田试点工作站制定了岗位职责、工作指引、量化考核标准等一系列工作制度，编成《禁毒社工制度汇编》，其中还介绍了禁毒社工的各种工作方法及技巧。

　　2009年，宝安区及龙岗区政法委员会也先后购买了14名禁毒岗位社工，分别在沙井街道办事处及龙城街道办事处开展禁毒社会工作。至2011年4月，全市共设48个禁毒社工岗位，分布在罗湖、福田、龙岗、宝安、南山等区。

A 服务简介

　　2010年5月,东莞市禁毒办分别在7个镇街(莞城、万江、常平、虎门、中堂、凤岗及厚街)综合治理办公室(以下简称"综治办")开展禁毒社会工作试点,主要工作内容包括推行社区禁毒宣传、学校禁毒预防教育、为戒毒人员提供社区戒毒辅导及康复训练、帮助其重建家庭关系等。首批15名禁毒社工于2010年5月正式上岗,东莞市禁毒办分别向星扬社会工作服务社及乐雅社会工作服务中心购买了10名及5名禁毒社工。其中厚街设禁毒社工3名,其余6个镇街各设禁毒社工2名,以提供戒毒辅导、学校及社区禁毒教育等为主要服务内容。由于东莞市社会工作办公室在2011年3月重新调整了社会工作服务领域分配方案,第二批15名禁毒社工均来自东莞市横沥镇隔坑社区服务中心,以向上述7个镇街综治办提供禁毒社会服务。

## 1.2 禁毒社工的服务目的、角色（包括社工价值）、服务对象及工作范围

### 1.2.1 禁毒社工的服务目的

禁毒社会工作是指社会工作者通过社会工作手法，包括个案辅导、家庭辅导、小组工作、学校活动和社区活动等，充分运用社区资源，协调各方力量帮助社区吸毒人员戒除毒瘾，协助市、镇街禁毒办达到戒毒和禁毒目标。禁毒社工的服务目的包括：

（1）帮助戒毒和康复人员建立健康生活模式，协助服务对象解决就业、生活方面的困难，巩固戒毒效果。

（2）向学校学生、老师、家长开展禁毒教育，预防青少年滥用毒品。

（3）进入社区进行禁毒教育，提高社区人士的禁毒意识。

A 服务简介

## 1.2.2 禁毒社工的服务角色

目前,禁毒社工主要以岗位购买模式引入,在禁毒办等用人单位工作。由于政府与社工在处理问题的方法和模式上不尽相同,社工更加需要在第二环境中认清自己的角色和职责定位。禁毒社工通常需要扮演以下多个角色。

表1.1 禁毒社工的服务角色

| 角色 | 职 责 定 位 |
|---|---|
| 危机评估者 | 对戒毒、康复人员及其家庭做充分的危机评估。例如,评估威胁案主生命的危机因素、复吸的高危因素、家庭内部各种正面和负面因素等,以便基于专业判断选择适当的介入方式 |
| 倡导者 | 通过不同渠道反映戒毒和康复人员的要求并倡导政策和制度的改变。戒毒和康复人员属于弱势群体,当戒毒人员因法律或社会制度缺失而未能得到适当保障和帮助时,社工可与政府部门合作,或以媒体为工具,促进政策的调整和制度的倾斜,从而使他们的权益得到保障 |

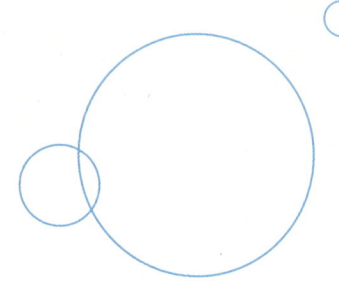

续表1.1

| 角色 | 职责定位 |
| --- | --- |
| 协调者 | 协调相关部门，将相关因素系统组织起来，形成完善的协作网络，以形成系统化的社区戒毒工作机制。迄今为止，作为实施这项新型康复政策的网络化社区禁毒协作机制，尚远未被建立起来。因而，禁毒社工须在公安局禁毒中队、禁毒办、各社区警长（治保主任）、美沙酮治疗中心、强制戒毒所等相关部门之间做好协调工作，形成良好的合作关系，以使这些机构形成合力，为戒毒人员提供系统化的禁毒服务 |
| 代理人 | 发挥桥梁作用，将那些需要接受服务但又不知道到哪里寻找服务的对象，与其所需的资源联系起来。禁毒工作不是单靠社工个人的能力就能完成的事情；相反，社工只有借助各方资源并与相关专业职能部门合作，才能更好地帮助服务对象。在戒毒过程中，社工可以为戒毒人员及其家庭提供相关资源，包括提供自愿戒毒康复中心资料，帮助其与劳动就业或社区工作人员建立联系，为服务对象及其家庭寻求就业机会，提供适当的法律援助；申请社保、医保等服务 |

A 服务简介

续表1.1

| 角色 | 职责定位 |
|---|---|
| 教育者 | 在社区、学校等公开场所,以讲座、活动等形式,宣传毒品危害和毒品滥用预防方法,促使青少年和居民远离毒品 |
| 赋权者 | 赋权是社会工作中一个重要概念。吸毒人员通常会处于被歧视、被标签化的生活环境中,而让他们发挥自身能力,使他们重新面对自己、家人、身边的群体乃至社会,同时使服务对象在知晓自己基本权益的前提下,努力争取公平待遇,是社工赋权的本质含义 |
| 研究者 | 通过研究吸毒问题来寻求解决方法。持续评估实务工作成效,以积累禁毒社会工作实务经验,是作为研究者角色的禁毒社工的本质。如针对青少年在校滥用药物问题及戒毒者需求等展开研究,以深入了解毒情及服务对象的需求 |

续表1.1

| 角色 | 职责定位 |
|---|---|
| 辅导者 | 运用专业化的心理辅导手法，为服务对象提供适当的心理咨询和辅导，以帮助求助人走出困境。在辅导过程中，社工需要尊重案主，以不带批判性的态度真诚接纳案主，相信他们有能力改善并履行个人责任，遵循自决和保密原则 |
| 策划者 | 作为服务的策划者，社工每年必须设计全年服务计划，并策划每个月的详细服务内容 |
| 关怀者 | 持续与其他部门和机构携手关怀戒毒人员及其家庭的需要，特别是加强对低保贫困户的关注，并相应提供适当的服务 |
| 资源审批者 | 协助政府部门，对有需要申请资源的求助者作出评估，务求使资源合理到户，得到公平分配 |

A 服务简介

## 1.2.3 禁毒社工的服务对象

明确服务对象的基本范围，是禁毒社工提供服务的前提。禁毒社工的服务对象大致可被分为两类。

### 1. 戒毒及康复人员

正在或曾经吸食毒品或滥用药物的人士，不分性别、年龄、宗教信仰、省籍及学历等，均被归入这类服务对象。应该注意的是，无论服务对象现在是否吸毒，但因他们曾经吸过毒，而且目前还被其他问题所困扰，所以他们仍是禁毒社工的服务对象。此外，社工还应明白，在为个案提供服务的过程中，社工的工作必会牵涉服务对象的家人，包括父母、配偶及子女等。

### 2. 学校及社区人士

这类服务对象主要包括有机会染上吸毒行为的社会大众，尤其是青少年。与此类青少年有关的人士，包括家长、老师、学校社工等，均会成为我们的此类服务对象。向他们传播与防治吸毒、滥用药物行为有关的知识，能使他们尽早洞察其子女或学生可能的滥药、吸毒行为。

## 1.2.4 禁毒社工的服务范围

禁毒社工应坚守社会工作理念及社会工作原则，帮助戒毒人员戒除毒瘾，帮助学生远离毒品，帮助社区居民认识毒品的危害并增强禁毒意识。由于不同城市、镇街和工作单位的具体要求有所不同，因而各社工的工作范围也有所差别。其具体工作范围大致有如下几种：

### 1. 为吸毒者提供戒毒治疗及康复服务

（1）掌握戒毒人员的个人背景资料，建立戒毒人员档案。档案内容应包括姓名、性别、年龄、疾病史、法定监护人的情况，是否有传染病，是否被强制戒毒及次数，曾经吸食的毒品种类及时间等。

（2）定期对工作对象进行心理辅导和家访。了解他们的思想动向、生活情况，排解他们在戒毒和康复过程中因心理和生理反应而产生的不良情绪，引导他们抵制毒品和损友的诱惑，帮助他们建立良好的人际关系，提高其适应社会环境、处理问题的能力，从而降低复吸率。

（3）与相关单位和部门合作，为戒毒人员提供生活上的关心和支持，帮助他们解决生活、学习、社会交往中的突出问题，鼓励他们建立远离毒品的信心和决心。

A 服务简介

(4) 及时了解服务对象家庭生活状况和表现情况，关心服务对象的就业、生活困难情况，组织服务对象参加各种公益活动，促使服务对象树立生活信心并及时融入社会，从而转化为对社会有用的人。

(5) 在一周内对刚戒毒出所的吸毒人员进行第一时间家访，做好稳定工作，在帮助其解决实际困难和问题的同时，积极鼓励其自谋职业。

(6) 对有复吸倾向的戒毒人员进行深入细致的调查研究，分析原因并及时做好帮教解困工作，尽力阻止他们复吸。

(7) 根据社区戒毒（康复）工作小组的要求，督促帮教对象定期或不定期进行尿液检测。

## 2. 为社会大众提供预防性禁毒教育及宣传服务

(1) 通过活动、小组等方式对中小学校的学生、老师、家长进行禁毒宣传教育，以预防青少年滥用毒品。

(2) 跟进学校里滥用毒品的青少年，为其提供个别辅导，帮助他们远离毒品，重建新生。

(3) 在社区推行社区禁毒宣传教育，以增强居民的禁毒意识。

(4) 组织禁毒义工，发动社区资源共同建立无毒社区。

# 1.3 社工机构与派驻人员的管理及权责

## 1.3.1 社工机构的主要责任

（1）服务内容及服务素质的监察。
（2）社工服务态度、纪律及操守的监察。
（3）对社工履行职责的活动给予督导、考勤、评估，并向社工支付应得的劳动报酬，为其提供培训及晋升机会。
（4）提供必须的行政支持、活动经费、办公设备等。

## 1.3.2 用人单位的主要责任

（1）为社工提供安全的劳动环境和必要的工作条件。
（2）为社工的实务工作提供必要的数据、材料及建议。
（3）尊重、支持社工推行既定服务计划，为其提供所需经费、设备，并帮助其建立相关联系。
（4）与社工机构及督导保持紧密联系，对服务进行评估并提出改进建议。

## 1.3.3 本土或香港督导的主要责任

（1）协助受其督导的社工把社工理论运用于实务中以发展本土服务。

A 服务简介

(2) 协助社工掌握并实践社工理论及技巧，提高社工专业工作能力。

(3) 为所督导社工的工作提供参考建议或相关参考书籍、文献、信息等。

(4) 协助所督导的社工订立工作计划、推进有关工作与评估工作成效。

[有关本土见习及初级督导权责，可参考《深圳市社工督导人员工作职责手册(试行)》(见本书附录四)]

## 1.3.4 社工机构、用人单位及督导之间的关系

社工机构与用人单位之间的关系，是提供与购买专业服务关系。社工机构与用人单位、其他社区组织，在行政上不存在隶属关系，相互支持与配合，是二者关系的本质属性。就分工而言，在行政程序、服务方向上，用人单位向社工提供相应指导与支持，社工的行政及其他内部管理，由其派驻的初级督导、见习督导或组长、督导助理等负责。社工专业工作，则由社工机构所派出的初级督导或见习督导负责指导和监管。

## 1.3.5 社工机构与用人单位合作的注意事项

（1）分工明确，职责分明。

（2）多沟通，避免因多头管理、指令不一而令前线社工感到混乱与模糊。

（3）对于经费及其他资源的运用，应采取制度化的措施建立相应的合作平台加以管理。

（4）为建构社会工作理论、积累社会服务经验而合作。

（5）在社工督导、社工评估方面多沟通、多交流。

（6）共同探讨服务创新的方向和理念。

## 1.4 禁毒社会工作的挑战及反思

自正式实施新《禁毒法》以来，禁毒体制开始由单一型的司法机关强制执行、劳教等，向以社区戒毒、强制隔离和社区康复为主体的整体型禁毒体制转变。深圳市和东莞市以社会工作方式协助、辅导吸毒人员戒毒，开展戒毒帮教工作，分别始于2008年和2010年。以社会工作手段介入禁毒工作，毕竟是一种新的体制性尝试，同时，伴随不断出现的新的社会问题，包括新型毒品渗透力度的加强、康复人员融入社会的难度增加、流动人员加剧毒品扩散传播以及现行资源

A 服务简介

配置不能满足禁毒工作需求等。这就意味着，作为新型体制有机组成部分的禁毒社会工作，必将面临不同程度的挑战，而根据实际情况调整和提高服务是对禁毒社工的一项基本要求。

## 1.4.1 新型毒品渗透力强

近年来，中国内地面临的禁毒工作形势已经或正在发生深刻变化。首先，所吸食的毒品种类，已经由以海洛因为主转为危害精神科药物，其中层出不穷的新型毒品，主要传播于青少年人群。在娱乐场所吸食K粉和摇头丸，是青少年吸毒的主要表现，而在学校禁毒活动中，社工还曾在部分校园发现了滥用止咳水现象。其次，就吸毒形式而言，大部分吸毒人士都不单只吸食一种药物，而是混合吸食多种药物，因而也就更容易引发身体的不良反应。

除需针对吸食海洛因进行禁毒帮教和宣传外，社工还应及时了解戒除新型毒品的方法、过程并相应地调整康复治疗模式。如新型毒品一般不会如传统毒品一样，导致脱毒断瘾反应，无需使用医学方式戒毒；而针对吸毒者的"心瘾"展开心理矫正，是禁毒社工的基本工作手段。因此，分析导致吸毒的环境因素，重构吸毒者处理个人问题的能力，是禁毒社工的主要服务内容。

## 1.4.2 康复人员融入社会难

　　毒瘾并非一朝一夕就可以戒除的。恐吓曾是内地禁毒工作所长期采用的传统手段,而给吸毒人员贴上明显身份性标签的直接后果,则是让其难以在戒瘾之后获得应有的支持与接纳,以重新投入正常社会生活。因而,在开展禁毒工作的同时,社工还需在不同层面上倡导、促进民众意识的转变,为戒毒人员建立关怀和共融的社会环境。

　　在学校层面,确保吸毒青少年,尤其是在校学生,在戒药过程中依然能获得适当的教育服务,是禁毒社工成功提供服务的基本前提。为此,禁毒社工必须开展以下工作:研究专门为吸毒学生设置的学校服务,或促使学生所在学校作出适当配合和调整,以便让戒毒学生可以继续上学;推行"健康、无毒校园计划",协助学校处理吸毒学生缺乏支持和跟进问题。

　　在社会层面,长期以来,因身份标签问题,康复人员在人才市场上始终很难找到工作。但如果不能让他们顺利地重返社会,他们不但会有机会重新染上毒瘾,而且还可能给社会带来不必要的负担。为此,社工应尽可能与街道各工作站多沟通,鼓励各机构加大培训及雇用戒毒康复人员政策执

A 服务简介

行力度,以便改善其就业困境。同时,社工应积极开展社区宣传,鼓励和发动社会形成合力,接纳并协助吸毒者接受治疗,戒除毒瘾,帮助其重返社会。

## 1.4.3　流动人员加剧毒品扩散

　　依据在册吸毒人员名单判断毒品扩散情况及趋势并配置禁毒资源,是目前禁毒社工服务的基本供给途径。而这个以被捕获人员为主的名册,不仅不能真实反映吸毒者的总体情形,而且反映吸毒者数量变化的敏感度也明显不足。同时,由于新型毒品的渗入、扩散途径相对隐匿、渗透力强,民众对其又认知不足,因而仅仅依靠被捕获人员名单,不仅难以了解真实状况,而且也容易让社工低估问题的严重性,从而以整合足够的资源和力量处理禁毒问题。而以户籍人口为主,对流动人口关注严重不足,是导致这一问题的主要原因。用审慎的方式,调查社区内吸毒形势、采集相关信息并进行分析评估,是社工快速规划和响应禁毒形势的基本策略。将有限的资源,扩展至向在本地常住的流动人口提供服务,是防止毒品扩散必不可少的手段。

## 1.4.4 现行配套资源不能满足需求

目前,吸毒人员在戒毒康复方面的选择依然十分有限,除强制戒毒和美沙酮维持治疗外,自愿戒毒中心、中途宿舍及其他医学支持配套还严重欠缺。由于现有有偿服务普遍存在收费高昂问题,因而从根本上抑制了案主求助及戒毒动机。而中国内地目前尚没有为长期服用精神药物的吸毒者提供的配套医疗服务(包括精神科、牙科、泌尿科等),无法对这部分吸毒者因吸毒导致的身体或精神健康问题进行控制,因而可能给日后造成更大的医疗需求及其他社会问题。为此,社工应该协调不同专业领域及其资源,例如协调医疗、教育、政府及商界等,加大禁毒服务投入和资助力度,开展不同程度的合作,并与之开展不同程度的协作计划,以便为戒毒者提供更多层面、更为专业的介入服务。

# 服务提供
## ——建立服务的过程及主要步骤

## 2.1 与谁联络——建立工作关系

### 2.1.1 摸底排查

排查,是指社工依据"禁毒办"提供的在册吸毒人员名单,对其逐一展开摸底调查。对于无法取得联系者,社工可依据缉毒中队、派出所、街道、社区工作站等部门的更新名单再行查找。与以社会控制为目标、旨在防范吸毒问题扩散并对滥用毒品情形加以监控的"禁毒办"排查工作所不同的是,社工所实施的排查,是以案主服务需要评估及帮教为基本目的。比如遇上已复吸毒品的案主,就应及时提供治疗和康复计划,减轻毒品给他们带来的危害;若案主仍存在与毒品相关的家庭、社会及个人问题,则也予以协助;若案主已脱瘾多年,并保持了良好操守,便应予以记录并报告排查结果,以免案主的生活被公安、政府工作人员反复干扰。社工排查工作要与"禁毒办"的工作保持紧密联系,并建立相应的情况排查报告制度。动态更新每个排查对象的数据,定期

B 服务提供
——建立服务的过程及主要步骤

向政府主管部门反映上门走访情况，了解案主生活动向、戒毒所接受强制戒毒人数，是社工摸底排查的主要内容。

## 2.1.2 美沙酮门诊协作

美沙酮门诊是禁毒社工的良好合作伙伴。在深圳市的罗湖区、福田区等，都在美沙酮门诊设有1名常驻社工，从而建立起了一个由医生、护士及社工组成的跨专业协助团队，为案主提供医疗、咨询等"一站式服务"。在吸毒人员刚入组时，美沙酮门诊常驻社工可进行初步评估，收集基本信息，协调其他社工以个案经理的身份介入。同时，社工应定期与诊所举行个案会议，交流案主的吸食量及操守情况，以便医生评估使用美沙酮的剂量。社工与医务人员的团队协作，不仅保证了社工服务的周到合理，也让社工获得了学习和成长的机会。

## 2.1.3 戒毒所无缝接轨

无缝接轨项目，是在吸毒人员离开戒毒所前，为其制订出所计划，旨在避免其因生活或其他适应问题而诱发复吸。社工可通过各项宣传活动，让所内人员更深入地了解戒毒所和禁毒社工的工作，以便禁毒社工联系各级戒毒所，合作开展戒毒帮教项目。2010年5月，深圳福田区开始实施此项目，在鼓励案主自愿参与的前提下，由社工在所内接案面谈。在与案主面谈过程中，社工了解到，有些案主出所后无家可归，有些人甚至身无分文，除所内囚衣外连换洗衣物都没有。为此，社工积极与救助站、相关社区工作站等部门联系，发动其一起为出所后有实际生活困难的案主提供周到而系统的保障条件。

B 服务提供
——建立服务的过程及主要步骤

## 2.1.4 社区、学校禁毒宣传

校园是禁毒宣传的一个重要场所。工作联络对象包括校内老师、学校社工和学校管理层，与教育局建立联系并促进其参与也十分重要。在新学年开始前，社工应先和教育局领导联络，制订旨在建立健康无毒校园、提高学校老师禁毒防毒意识的全年禁毒宣传活动计划。学校政策制定者更需制定禁毒防毒政策和程序，做好发现吸毒学生后的处理指引。动员现有义工团体进行禁毒宣传，如义工联属下的"生命之光"组，可专职专责传播禁毒信息。促使社工和义工联动，加大宣传力度。

## 2.1.5 派驻人员的考量

禁毒社工往往会接受用人单位安排，被派驻于不同地点开展工作，如美沙酮诊所、街道办及工作站等，以在不同层次上推动禁毒工作。但派驻人员角色，往往会受工作环境内其他专业人员、运作系统及文化的影响。例如尽管是被工作站领导指派从事行政工作的社工，其在工作中也应该与其他人员秉持不同的服务理念和态度。因此，在对所处生态环境展开系统分析的前提下适当介入的同时，前线社工的勇气和坚持，则是在次环境中体现社会工作精神和价值的基本条件。尤里·布朗芬布伦纳（Urie Bronfenbrenner,1979）的生态系统理论认为，个人与环境的互动，处于4个相互融通的系统，即家庭系统、社区系统、社会结构系统及社会文化系统之中。社工所处工作环境中的领导和工作人员，则是案主改变生活的相关者。因而，若要改善案主生活，社工就必须介入案主身处的系统之中，与这些群组建立协作及专业联系，环境系统理解和支持，能令开展服务事半功倍。

B 服务提供
——建立服务的过程及主要步骤

## 2.2 个案工作流程

### 2.2.1 一般个案处理程序

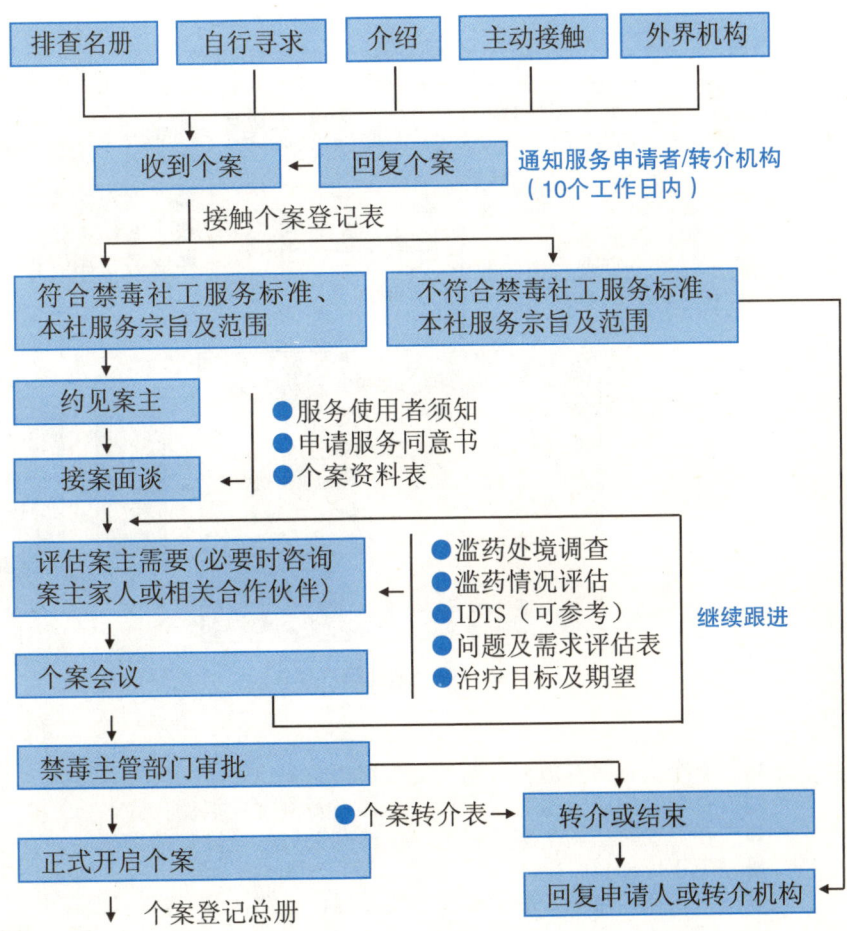

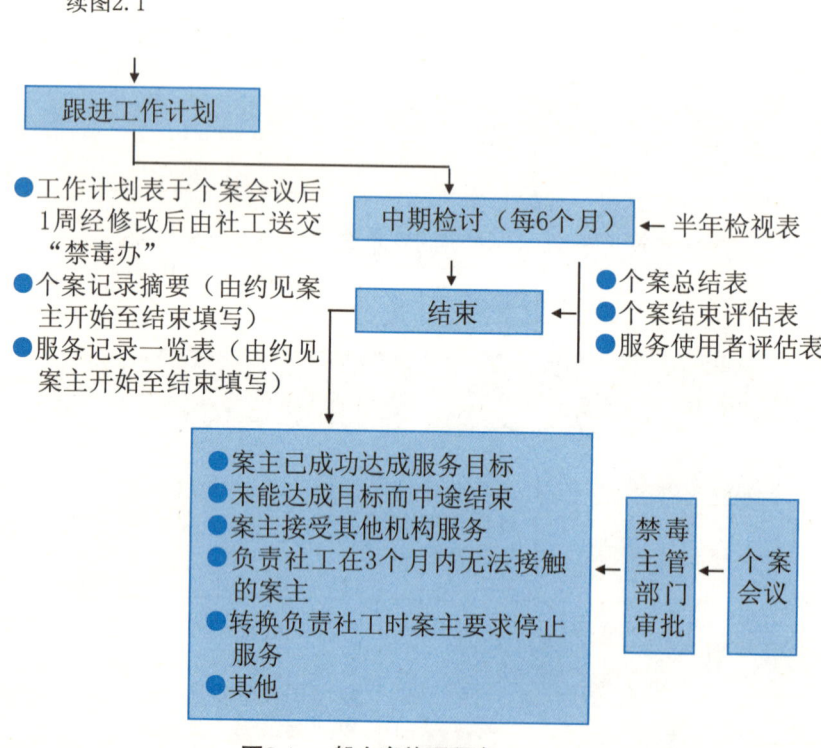

图2.1 一般个案处理程序

备注：
■所有个案记录存放在有锁的文件柜内；
■所有个案记录及报告只供接案工作员及其上司取阅；
■须在需要时更新个案资料表，保证有关资料及评估的准确性；
■每半年评估1次；
■结束个案档案后，除个案基本资料保留5年外，其他资料保存半年。

# B 服务提供
—— 建立服务的过程及主要步骤

## 2.2.2 开立个案的基本条件

只要是符合条件的服务对象，禁毒社工就应尽早对其开立个案，而不应拘泥于他们是否有充分意愿接受服务或是否能够以合作的姿态接受服务。这些顾虑都是社工个人根据自身知识与经验作出的判断，它可能是对的，也可能是错的。如果判断错误，就会妨碍案主早日获得社工服务，进而妨碍其早日戒除毒瘾或解决困难。我们认为，开设个案的基本条件大致有四点。

### 1. 曾经是或现在是吸毒人士

只要个案曾经染有吸毒习惯，无论他们目前是正在吸毒，还是偶尔吸毒，或已有一段时间没有接触毒品甚至没有吸毒，他们皆可成为社工协助及开案的对象。

### 2. 社工曾接触个案

社工在与个案面对面倾谈时，个案不逃避或不拒绝与社工谈话，社工便可考虑开立个案，从而为个案提供相关跟进服务。社工应谨记的是，仅凭他人所述而社工从未见面或接触，无论该个案情况被描述得如何迫切，都不应据此开启个案。

### 3. 个案潜在服务需求

社工应该清楚地认识到，当一个吸毒者沉溺于吸毒行为时，无论其深陷如何严重的困厄，通常都不会自觉提出问题或需求。因而，无论是由个案主动提出，还是由社工观察而来，均可视为个案的潜在服务需求，比如个案表示需要社工协助戒毒或就业等。

### 4. 其他适合开案的条件

曾接触的个案家人对社工的态度友善且表达过明确的合作意愿，非常支持个案戒毒或有所改善，这也可被视为开案的重要条件。

## 2.2.3 个案跟进

开案之后，社工应积极跟进个案情况，特别是在前数周之内。较多地关心和接触个案，是这一阶段社工的主要工作方式。第一周内，社工至少应该与个案接触2～3次，而接触方式则可以多样化，电话、手机短信、家访或书信等，均是方便且易被个案接受的接触方式。第2～3周，则可与个案接

# B 服务提供
——建立服务的过程及主要步骤

触1～2次。当然这只是理想状态，实际上，社工与个案接触的次数及频密程度，应视个案情况而做相应调整。在跟进个案时，社工当然都希望能帮助个案解决问题，但所采用的程序却很难一概而论。以下基本程序仅为社工具体工作时的参照。

### 1.引出问题
在与个案谈话（即辅导）时，社工应尽量运用方法引出问题，如让个案说出目前是否吸毒。

### 2.承认问题
社工应运用专业知识及技巧使个案承认问题，如承认自己正在吸毒或有复吸行为。

### 3.解决问题
社工展开辅导工作，与个案商讨如何解决问题，例如如何戒毒、采用何种方式戒毒等。

## 2.2.4 结束个案的理由

社工可基于以下4个理由综合考虑结案。

### 1. 个案的需求或提出的问题已获得解决

这是社工最希望并乐于看见的结局。其中,问题获得解决可包括以下两种情况:①全部问题充分解决(这是最理想情况);②问题基本获得解决。

### 2. 无法接触个案或无法与个案联络

通过家人以及可以使用的所有方法,包括电话、手机短信、书信及家访等,皆无法与个案取得联系,与个案接触中断较长一段时间(6个月或以上),社工可考虑结束个案。

### 3. 个案被关进强制戒毒所、坐牢、有重病需留院医治一段较长时期、离开目前居住城市或离世

如遇到个案经历上述情况,社工可根据其与个案无法接触的时间长短,做出是否结束个案的决定。

B 服务提供
——建立服务的过程及主要步骤

**4. 个案明确表示不需要社工服务，甚至表现出极不合作乃至厌烦态度**

如个案多次明确表示不愿意再与社工接触，社工可考虑结案。这是因为，在个案完全没有接受服务意愿的情况下，一切辅导都是无法展开的，即使开展也将是徒劳无功的。但以笔者的经验，这种情况并不多见。

## 2.2.5 结案时应注意的事项

为确保顺利结案，社工应注意如下事项。

**1. 个案的需求或问题是否已获得解决**

社工在决定是否要结束某一个案时，最优先且必然会考虑的事情是个案的需求及问题是否已获得解决。问题获得解决的程度，也应归入考虑之列。尽管个案需求或问题获得全部或充分解决是理想的结案状态，但实际情况可能并非总能如此，所以社工应根据实情而作出评量。假如社工认为个案的主要问题或困难已基本得到解决或大部分得到解决，而个案又有足够的能力解决和应付其余问题，社工也可考虑结案。社工应谨记的原则是，社会工作的要义是"助人自助"。也就是说，一方面，社工要协助服务对象解决问题；另一方面，又不能让服务对象形成对社工的依赖，协助其培养独立面对生活、面对人生的能力，实则是"助人自助"的社会工作的本意。

### 2. 个案在心态上及意识上是否已有在短期内结束社工与其辅导关系的准备

假如社工决定结束与个案的辅导关系，必须事先与个案就此问题展开一些交流，其目的是让个案对此事有所思考并做好心理准备。而留心观察个案对此问题的反应，将有利于社工更好地调整结案计划。

### 3. 社工与个案接触的频度持续递减

逐步让个案单独面对问题，以避免个案因突然失去社工援助而产生恐慌感。

# B 服务提供
——建立服务的过程及主要步骤

### 4. 家人配合

个案家人是否对社工于短期内结束与个案的辅导关系有所准备，从而给予配合，也是结案时需要考虑的重要因素。

## 2.2.6 危机处理

危机是个人对生命中出现的某些变化或事件的一种主观反映，压力、威胁或危险是危机感的主要内涵。个人惯常使用的解决方法和应对机制无法解除危险和降低压力，从而令人失去平衡而陷入危机状态，甚至影响个人功能，是危机的本质。通常而言，危机既是一种危险又是一种机会。即若不能应付，情况就会变坏；若能较好处理，则可演变成一个发展变化的契机。戒毒人员常见的危机包括复吸、自杀、感染艾滋病或其他传染病等。

### 1. 复吸

复吸是戒毒过程中经常出现的现象。基于多年实务工作经验，笔者发现吸毒者的复吸率可高达50%~90%，此即所谓

"易戒难守"。断瘾之后，戒毒者随即面临毒品带来的重重危机，包括个人对毒品的渴求、负面情绪的困扰、外界环境的诱惑等。从改变论的角度而言，复吸是永久戒断过程中的一个阶段。因此，社工在面对案主复吸问题时，应把握好时机，从而把复吸转变成成功戒毒的基础。

案主在面对复吸危机时常见的反应包括沮丧、抑郁，因感到以前的努力都付诸东流而绝望无助，并出现失眠和无胃口等生理反应等。而一些案主会否认复吸问题的存在，自欺欺人，歪曲或否认复吸事实。就戒毒阶段而论，一些案主甚至可能会倒退到懵懂期或沉思期的所可能出现的状态，几乎丧失重新处理毒品问题的动机。面对复吸现象，禁毒社工应注意以下五点：

（1）面对案主复杂的情绪反应时，社工需要保持较高的

B 服务提供
——建立服务的过程及主要步骤

敏感度，实时适切地作出处理，从而避免案主因负面情绪扩张而做出伤害自己、亲人的行为。

（2）在信任的前提下，以同理、接纳、反映感受和正面鼓励等技巧，协助案主将负面情绪宣泄出来。

（3）重建案主对戒毒的自信，鼓励其不要视复吸为失败，而是应将其视为学习过程。

（4）协助案主对复吸展开反思，审视自己该如何实施所订立的戒毒计划，从而以更加可行、具体的方案重新戒毒。

（5）协助案主的家人认识到复吸也是戒毒过程中的一个环节，使他们了解复吸的正面意义是可以帮助案主看见自己在拒绝毒品诱惑方面的弱点，鼓励家人或案主身边重要的人继续支持案主，使其认识到家人不离不弃的爱是案主从失败中站起来的最大动力。

## 2.自杀

因吸毒而不能自拔，甚至不顾任何后果，令家人生活在惶恐无助之中，进而在走投无路之际走上自杀的道路者屡见不鲜。美国的一项研究显示，50%尝试自杀的个案与酒精和毒品有关；成功自杀的个案，有25%是吸毒者或酗酒人员。（Murphy，2000）由此可见，对于吸毒人员来讲，自杀无疑是一种不可忽视的危机状态。在介入戒毒人员复吸预防的同时，社工还应及早介入吸毒人员自杀预防。

### 预防自杀

若社工在介入初期能辨识吸毒者的自杀倾向，就有机会预防其自杀行为。

其一，在介入初期社工就需要仔细询问吸毒人员，以前是否有过自杀倾向或自杀行为。社工不必担心问及案主的自杀倾向会触发他的自杀行为；相反，这样的询问有助于社工清晰了解案主是否存在自杀危机，以便其建设性地介入自杀危机预防。而了解案主的自杀动机和原因，及早帮助吸毒者处理悲伤绝望情绪和困扰，是社工介入自杀危机预防的重要手段。

其二，吸毒者有时不会完全开放自己，表达自己的自杀

## B 服务提供
——建立服务的过程及主要步骤

意图,这就需要社工对此保持高度警觉,以便及时察觉案主的自杀征兆。根据"生命热线"(2011)的相关资料,80%的自杀者在事前都会发出一些相关信号。其中涉及认知、情绪、行为及生理等方面的信号主要表现为:性格突变,情绪不稳;体重下降、失眠、疲倦;话语中透露出要结束自己生命意思;孤立自己,对平常感兴趣的事或物提不起兴趣;送出自己心爱的物品。若能尽早辨识上述类似的自杀征兆,社工便能及早介入,以预防案主行为的发生。

### 自杀危机介入

如果在跟进过程中发现吸毒者因面临巨大困扰而产生自杀倾向时,社工应及时进行自杀危机介入。自杀危机介入时需注意七大原则。

(1)危急时刻。当吸毒者已经开始自杀或将要自杀时,社工应立即通知其家人,疏导其家人的情绪,教导家人不要批判和责骂案主的自杀行为;同时,还需要通知服务机构、用人单位和督导,必要时还应该报警。此外,还应该根据被解救后的情况选择是否住院观察。

(2)事后跟进。在非危机情况下,社工应带着不批判的态度，耐心聆听案主的感受，设法引导案主抒发内心的压抑、困扰、无助、绝望、孤独等感觉，同时陪伴并帮助案主稳定情绪。

（3）仔细了解案主的自杀计划，审慎评估这一计划的致命性和危害性。

（4）帮助他们远离自杀工具，包括家中的致命药物和自杀物品等。

（5）鼓励案主将自杀情况告知家人，以增进家人对案主的关心，同时还要疏导家人的情绪，教导家人不要批判和责骂案主的自杀行为。

（6）与家人商量如何帮助案主，如安排人陪伴案主，避免将案主独自留在家中等。

（7）在过渡期，社工应持续联络、探访案主、尽量给予支持和关心。

### 身故处理

万一吸毒者不幸自杀身亡，社工需要安抚吸毒者的家人，并为他们办理案主身后事提供协助。为此，社工需要对包括遗体处理、申请相关文件、殡仪和葬礼安排等方面的知识有所储备。此外，社工还需要了解是否存在可用于协助经

## B 服务提供
——建立服务的过程及主要步骤

济困难家庭摆脱困境的社区资源。

社工并不是全能的，无论社工的辅导技巧有多高，或者多么努力，有些自杀实际上是避免不了的。在得知案主自杀的消息之后，社工千万不可自责，尤其不能因认为这事是由自己的能力不足所造成的而陷入沮丧、消沉情绪之中。如果遇到这种情况，社工需要寻找督导倾诉，必要时还可以寻找其他专家辅导。

### 3. 艾滋病或其他传染病介入

对静脉注射及共享针筒的吸毒者来说，感染艾滋病或其他通过血液传染的疾病，如乙型肝炎等，是很常见的情形。尽管对于艾滋病（acquired immune deficiency syndrome,简称AIDS，直译为后天免疫不全症），目前依然没有药物或疗法可以治愈，但我们已经有了能够有效干扰艾滋病毒自我复制的药物，一些持续接受艾滋病治疗的人士，十几年来依然还能顽强地活着。因此，协助和引导感染病毒的案主遵照医生指示定时定量服药、定期接受检测和复诊，是社工艾滋病介入的意义所在。如果在社工提供服务期间，案主突然感染艾滋病或其他传染病，社工应采用以下手法介入：

（1）了解案主得知感染艾滋病或其他传染病后的想法和感受并进行安抚。

（2）了解案主感染病毒的过程，协助案主避免重蹈覆辙。

（3）澄清案主对传染病的错误认识，解答有关治疗方面的询问。

（4）帮助案主建立积极正面的观念，鼓励他们遵循医生指示定时定量服药，并定期接受检测和复诊。

（5）教导案主如何避免将病毒传染给家人和其他人，如使用安全套等。

（6）协助案主建立健康的生活方式，以维持身体的健康。

## B 服务提供
——建立服务的过程及主要步骤

### 2.2.7 困难及解决方法

在深圳或东莞，一线禁毒社工均需要通过主动找寻的方式来接触个案，这与香港情况极不相同。在香港非政府的社会服务机构，除个别性质较为特别的服务需要社工采用外展手法来接触个案外，大部分都是由服务需求者在机构办公时间主动前来寻求服务者。也就是说，在香港戒毒者会主动前来，或在父母、配偶等亲属的陪同下前来寻求社工协助。二者的根本区别在于，香港：个案主动前来寻求社工协助，表示个案有戒毒动机（无论大或小）；内地（深圳/东莞）：个案被动与社工接触进而认识戒毒服务，表示个案未必有动机甚至缺乏动机寻求戒毒服务。因此，内地社工在开展个案时，会遭遇以下种种困难。

### 1. 个案对社工缺乏认识及信任

个案对社工的访谈及关怀不做积极回应，或者显得冷淡，甚至千方百计回避，并以下列说法或措词拒绝服务：我没有问题；我此刻很好，不需要你的协助；我现在没空，改天你再来吧；我不是你们所要找的服务对象（不承认自己就是社工根据资料要找的人）；等等。

如遇上述情形，社工当然会十分懊恼和无奈。但社工不仅千万不要在此时气馁，而是更加应该保持信心、耐心及爱心，保持与个案的持续接触。如个案不愿接受社工约见并进行面对面访谈，社工则可尝试用书信方式进行。在书信中以简单平实的语言、热情关怀的态度，向其介绍社工只会协助其解决困难、不会对其有任何伤害的角色定位，使其不把社工与政府工作人员、公安人员混为一谈，以免使其产生可能被拘捕或受到惩罚的顾虑。笔者的经验表明，如果社工能耐心地以各种方式，包括谈话、书信等，与个案积极接触，往往能导致一些意想不到的效果。

## B 服务提供
——建立服务的过程及主要步骤

### 2. 无法找寻服务对象

根本没法找到服务对象，是当前社工经常会遭遇的实际情形。如果没有相关资料，社工根本就不可能知道社区中吸毒者在哪儿或谁需要戒毒服务，因此难以开展访查并提供服务。拜访街道办、居委会领导，尤其是其辖下的治保主任，是在这一情形下社工所能采用的最有效方法。治保主任对其所负责社区或村内所有居住人员是否有吸毒行为或犯罪前科等，通常是最为熟悉的。

### 3. 家人对个案持漠不关心或不支持态度

在社工辅导个案的过程中，可能会有部分家属，由于对屡屡吸毒的案主感到绝望而对他们持放弃或不闻不问态度。面对这种情况，社工必须耐心地与个案家人保持接触，深入了解他们对个案的看法与态度，从而作出相应的回应及辅导。改变家人对个案的消极态度，将有利个案的康复。

## 2.3 小组工作流程

### 2.3.1 一般小组指引

计划小组流程，应从小组理念、理论及目标入手，设计每一节小组的活动主题、内容、形式、场地及物资等，制定检讨方法、财政预算，提出预期困难及解决方法。

小组活动形式，一般分为开放式和封闭式，其主要区别是前者容许符合资格的参加者在每节活动时加入，后者则在小组第一节开始以后就不会再增加新组员。

> **1. 理念**
>
> 小组程序计划一般从理念开始。社工需要通过与服务对象接触，了解及评估他们的需求。在这一过程中，可能会遇到社工界定的服务需要与服务对象的需求之间存在差异的问题，社工需要通过衡量找到二者的共通点。在界定服务需要之后，社工应把这些需求转化为兴趣点，以便吸引服务对象参与。需要注意的是，这些兴趣点只是小组介入的媒介而非小组活动的主要成分，否则小组将会变成一般的兴趣班活动。

# B 服务提供
—— 建立服务的过程及主要步骤

## 2. 选择理论

在确定服务需要及兴趣点后，社工需要配合适当的理论、方法或模式等来支持整个小组介入的准确性。例如，青少年的社交需求，可运用社交技巧训练的模式来加以满足。

## 3. 定位目标

选定介入理论或方法后，应确定小组的目标及目的。目标是指较抽象、广泛的期望，而目的则是为达到目标而确定的细致和确实的期望。目标设立一般遵循五大原则（SMART），即确实性（specific）、可量度性（measurable）、可达成性（attainable）、关联性（relevant）、时限性（time‐limited）。

### 4. 内容设计

目标设立之后,社工便可开始设计每一节的活动内容。活动一般是4~8节,每节时间长1~2小时。活动内容由活动目的及所运用的理论发展而来,其主要检验方法是找出每节内容所具体针对的目的。活动主题、时间及所需物资等,都应是活动内容设计时必须考虑的因素。为方便参与者出席,小组活动一般在每周或隔周的同一时间、同一场地举行。

表2.1 活动时间、内容等

| 时　　间 | 主　　题 | 内　　容 | 备注/物资 |
| --- | --- | --- | --- |
| 10:00~10:30 | 互相认识 | 我是谁 | 纸、笔 |

## B 服务提供
——建立服务的过程及主要步骤

### 5. 检讨

检讨通过不同方式进行，大致可以通过工作人员观察、问卷调查、意见反馈、检讨表等，来检讨小组的成效，了解是否能达到小组目标并满足参与者的需要。因此，检讨的准则或指标需要对应小组目标及评估。

表2.2 目标及评估

| 目　标 | 评　估 |
| --- | --- |
| 通过提高参与者自我价值及自我能力，强化其个人自尊心 | 工作人员的观察、参加者自我表白及组员回应 |

## 2.3.2 主题性小组

### 1. 开放式小组（如电影欣赏小组）

电影欣赏小组于特定时间在美沙酮中心举办；戒毒人员可在不用预先报名的情况下自由参加；播放戒毒电影，举行观后分享会，协助戒毒人士反思电影内容，提升他们的戒毒意识。

### 2. 封闭式小组（如篮球小组）

篮球小组是以篮球为活动媒介吸引戒毒人员参加的封闭式小组活动，需要报名且每次由相同组员参加；每节举行篮球练习及比赛，以增强戒毒人员之间的相互支持。

### 3. 发展性小组（如历奇小组）

历奇小组以历奇活动为主，通过不同的合作、解难及个人突破，以体验的方式协助戒毒人员明白毒品的危害及拒绝技巧，从而达到使解毒人员远离毒品的目标。

### 4. 治疗性小组（如亲子爱心补习班）

亲子爱心补习班以封闭方式邀请戒毒人员及其子女一同参加，子女补习功课是活动媒介，目的是增进戒毒人员与子

## B 服务提供
——建立服务的过程及主要步骤

女之间的相互了解,增强家庭成员的凝聚力和归属感,改善家庭关系,加强家庭支持,协助戒毒人员减少复吸机会。

### 2.3.3 小组开展所面临的困难及解决方法

**1. 了解小组的目标,决定选用哪个游戏及方法**

社工需要先弄清楚小组的主题或目标,按照组员的需要来确定小组的内容。避免随意选用以往的方案及游戏,这是因为适合目标的活动,不一定能达到此次小组的目的,简单套用虽然能简便社工的准备工作,但却不能使组员从中受益。

**2. 在小组初期订立小组规范**

社工应在小组第一节开始时,与组员共同订

组规范，如守时、不准吸烟、积极参与、尊重、保密等。还可与组员讨论规范，以增加组员参与性的方式，减少组员被强加规制的感觉。社工还可以用大画纸将所讨论的规范记录下来，并在每节活动时张贴，以提醒组员遵守。

### 3. 每一节内容都需对应小组目标

每个小组设计时均有一个最终目标，它会分成2～3个具体的小目标，并期望通过每节活动来达成。不过社工在设计小组每节内容时，通常容易偏离原定目标。因而，社工可以列表形式列明该节内容中每个活动所期望达到的效果，从而与期望达成的小组目标对应。

### 4. 循序安排小组内容

小组追求组员的投入与互动。为使组员能尽快投入并打破彼此之间的陌生感，社工需要在内容设计上多花点心思。例如，在4节小组中的第一节，应设计较多的破冰活动，第二节及第三节可加入一些合作及解难活动，最后一节则应加入较多的分享及讨论等静态活动，目的是以先易后难为原则，带领组员慢慢进入主题讨论或体验。

**B 服务提供**
——建立服务的过程及主要步骤

## 2.4 活动

### 2.4.1 一般活动指引

　　禁毒社工举办的活动主要以禁毒预防宣传教育活动、禁毒社工服务介绍为主。活动通常以讲座、工作坊、嘉年华会、咨询及游戏摊位等多样化形式展开。举行地点一般有学校、美沙酮中心及社区等。禁毒预防宣传教育的对象，大致可分为3个层面：未接触毒品者（基层预防层面）、间歇及高危接触毒品者（中层预防层面）及已接触毒品但未接受相关辅导治疗者（深层预防层面）。禁毒预防宣传教育，一般以特定单位的服务对象，如在校学生等为目标人群，与相关单位合作开展。社工也还可以社区人士为对象，在社区广场、公园等地点举行禁毒预防宣传教育活动。

　　1. 活动基本流程
　　（1）找寻合作网络——社工可通过以下途径联系相关单位的负责人。通过用人单位认识社区村委、政府部门工作人员；通过与所属镇街其他领域社工沟通，认识相关单位负责人，如通过医务社工认识医院负责人；直接联络相关单位负责人，如主动联络学校校长或心理咨询老师。

（2）建立合作关系及需求评估。通过与相关单位负责人交流，了解该单位以往的禁毒工作情况，掌握其对禁毒教育需求，比如服务对象对毒品的认识程度、接触毒品情况、潜在吸毒人员等。同时，还应掌握该单位对禁毒宣传教育的需求及期望。

（3）制订活动方案。根据用人单位及单位负责人提出的要求、该单位禁毒工作需求和实际情况，策划可行性方案。经督导、用人单位批准后，社工应及时与该单位负责人联系，共同商讨并修订方案。除按照合作单位要求的时间段计划活动外，社工也需留意一些特殊节日或宣传日，与相关政府部门合作或自行举办相关宣教活动。一般而言，可用于设计禁毒宣教活动的时机主要包括世界无烟日（5月31日）、虎

## B 服务提供
——建立服务的过程及主要步骤

门销烟纪念日（6月3日）、国际禁毒日（6月26日）、国际艾滋病日（12月1日）、法制宣传日（12月4日）等，而其他节日如"五四"青年节、中秋节等，也可以被用于设计与禁毒相关的宣教活动。另需留意的是，社工应准确把握禁毒教育内容，避免将一些不确定甚至错误信息传播给服务对象。

（4）活动推行。在方案确定之后，社工即可在用人单位许可下，开展包括活动场地、设备、物资、活动所需专业人士、其他部门的配合、志愿者招募等方面的资源整合工作。若属大型活动，则应考虑与其他部门或专业人士合作。

（5）活动评估。活动结束后，需要与单位负责人进行总结。这样做不仅能获取反馈意见，而且还可借此增强与单位负责人之间的联系。此外，社工还不能忽略借助参与者对活动所作出的有用评估，了解其对活动的意见。

## 2. 延续合作关系，推广禁毒领域社会工作

在活动完成之后，社工继续与相关单位保持联络，以了解其对社工服务的需求。社工还可以在重要节日给单位负责人发祝福短信增进关系。据督导的经验，曾有一位社工，因为给曾合作过的一位单位负责人发了一条祝福短信，而该单位刚好需要寻找机构协助筹备一场大型员工活动，因而该单位主动联络该社工对活动进行统筹。此外，通过筹备活动增进对该单位及服务对象情况的了解，并在活动进行或完结时，即时与该单位人员商讨跟进计划，也是推广禁毒领域社会工作的重要方式。

## B 服务提供
——建立服务的过程及主要步骤

### 与社区机构合作的活动参考

（1）与企业合办郊游活动，参观虎门镇国家禁毒教育基地，并在游戏过程中加入禁毒信息。

（2）与学校合作，组织大学生参观美沙酮中心，并开展禁毒教育信息分享。

（3）与医务社工、司法社工、新莞人服务等社工联合进行社区宣传教育活动。

与文化站合作，举办禁毒电影播放晚会。

### 禁毒预防宣传教育的主要形式

展览、禁毒游戏、禁毒大使、讲座、工作坊、学校主题班会、网上游戏、填字游戏、漫画创作、征文、禁毒宣传手抄报、书画展、歌曲创作比赛等。

### 3. 举办大型宣传活动须注意的事项

大型活动所涉及的工作人员及服务对象较多，因而筹备工作需要较为细致。其筹备过程中需要注意如下事项。

● 活动前预备

提前做好计划，待机构及用人单位同意举办后即着手准备，内容包括活动场地的联系、时间的安排、物资的申请和储备、志愿者的联系等。如果是联合其他单位举办，则应及早向其他单位发出通知并作出安排。需要提醒的是，社工必须在活动前观察场地，了解场地的人流、设备（如电源、台椅等）等。如为户外举行的活动，则应有雨天备用场地及应变计划，而且需在活动当日提前对活动场地进行布置，若能预留1～2小时做场地预备，则更为理想。在活动筹备过程中，社工需清楚列出各项活动的物资清单，避免因忙乱而遗漏。活动预备工作必须在活动开始15分钟前完成，活动统筹社工则应在此时集合大家作最后的提醒或报告，以确定每个岗位都预备妥当。准备妥当后，由统筹社工宣布活动开始。

## B 服务提供
——建立服务的过程及主要步骤

- ● 现场宣传或呼吁

  安排1名社工（也可以是统筹社工）在活动进行前半小时和活动期间，不时以话筒、无线麦克风等高声向其他人发出邀请和呼吁。

- ● 工作人员/志愿者活动简介会

  统筹社工需安排某一特定时间进行工作人员/志愿者简介会。在活动简介会上，统筹社工需介绍活动当天的流程、注意事项、各岗位工作人员以及禁毒社工、机构等。负责志愿者协调的工作人员，即志愿者协调员，可以是活动统筹社工，也可以是其所委派的社工。最好是工作人员及志愿者预备一份培训稿，内容包括活动名称、活动目的及意义、各自负责的岗位、摊位活动简介、游戏规则等，以便让他们对活动及其所负责的岗位/活动有具体了解。在时间不太充裕和举办地点不太方便的情况下，摊位游戏细则则可以交由负责摊位的人员向志愿者讲解，并请求他们配合。若有部分工作人员/志愿者不能参加集体简介会，统筹社工、志愿者或协调员，应在他们到达现场的时候，向他们进行个别讲解；并带领他们到所属岗位，向他们介绍一起工作的其他工作人员/志愿者及其职责。

● 嘉宾接待

若活动邀请了一些嘉宾做主礼，统筹社工应掌握嘉宾到达、逗留时间，以及需要负责的项目细节。若用人单位领导在场，则可安排其与嘉宾相互认识。

● 活动安全

社工必须注重活动安全，如遇突发事件，则需立即通知统筹社工，由统筹社工协调应变。

● 传媒接待

如需要邀请媒体采访，则必须获得用人单位及合作单位领导的批准并在事前预备好新闻稿。新闻稿内容应包括活动介绍、禁毒社工和机构介绍以及其他相关内容。同时还需安排一名社工接待媒体，向其提供相关资料并介绍此次活动的意义、禁毒社工的角色和服务等。

## B 服务提供
——建立服务的过程及主要步骤

● 摄录

安排一名工作人员协助拍摄工作,告知其必须拍摄的环节,如典礼仪式,尤其是大合照等。

● 活动评估及解说

活动结束后,必须安排评估会议。参会人员包括合作单位代表、工作人员及志愿者。向合作单位表达谢意,收集相关人员对活动的意见,是召开评估会议的基本目的。由于参与活动的人员太多,另外安排一个所有人员都能够参会的时间比较困难,所以建议评估会议在活动结束后立即召开。若部分人员提早离开,则可电话跟进,以了解他们的想法。

## 2.4.2 活动开展所面临的困难及解决方法

### 1. 目标的清晰度

要有效地评估活动的成效，社工必须切实地检视所订立的目标是否可行。一般而言，社工可用SMART GOAL模式来检视所定的活动目标，使目标变得具体而清晰。

### 2. 活动的针对性

在开展活动前，社工需先对社区有深切的了解，评估单位的可用资源及能力，为设计相关的活动做准备。

社工除了掌握禁毒宣传活动的内容外，还应根据各单位服务对象的特性提出对该单位有利的论点。

B 服务提供
——建立服务的过程及主要步骤

### 3. 参加者招募

社工可通过不同方式和渠道招募活动目标对象。例如，以贴身的方法（通过电话联络目标对象、在社区活动场地主动邀请社区人士参加等）招募，向他们推介活动。这种做法可避免目标对象因忘记报名或日期而错过参加活动的机会。

活动的趣味性也影响目标对象的参与动机。社工要对禁毒教育的内容有透彻的把握，并留意活动对象的背景及年龄特质，针对性地设计多元化的活动形式。

### 4. 资源不足

■ 场地、设备：社工必须掌握社区资源，了解哪些地方可举办户外或户内活动，哪些单位可出借相关设备（如桌椅、音响设备等）。

■ 活动奖品：若活动需要大量奖品，社工可尝试联系一些企业，看企业是否可以赞助该活动一些物品。需要注意的是，潜在赞助企业的经营，不能违背禁毒教育理念。

■ 人手：解决人手不足问题最可行的办法，无非是培训志愿者或者联合其他单位举办活动，同时恰当的分工合作也非常重要。清楚列明每个岗位所需人手及工作内容，是灵活调配人手的基本前提。

**B 服务提供**
——建立服务的过程及主要步骤

### 5. 场面控制

导致活动秩序混乱的原因很多，其中令参与者不感兴趣的活动设计，会直接导致参与者扰乱秩序；游戏程序复杂也会导致等候者疏导困难，而没有安排好维护秩序的人手、工作人员在维持秩序方面缺少足够的培训和经验等，都是导致秩序混乱的因素。为提高场面控制能力，社工必须增强把握场面变化的敏感度，并在混乱发生前及早介入和制止。

### 6. 参与者不投入

有些社工反映，在带领活动时，参加者容易出现不专注、不投入现象。这一状况实际上是由多种复杂原因所导致的，其中最关键的因素是，参与者是否是在清楚了解活动目的之后才报名参与的。若不清楚，社工应在活动开始阶段向参与者澄清本次活动安排，并制定相应的活动规范，令参与者承诺投入活动。在活动过程中，社工应留意参与者的需要及进度，避免"自说自话"，即只顾完成活动内容而忽略参与者的实时反应。若需带领参与者完成一些较为复杂的游戏/程序，社工应该先做示范，以免参与者因弄不明白而中途放弃。

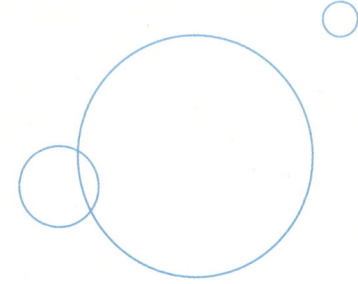

## 2.5 推广禁毒社会工作的方法

禁毒社工牵涉的范畴非常广泛，社工必须清晰把握自己的角色定位，随时做好向各界认识推介服务的准备。其服务推广形式如下：

### 2.5.1 主动与社区、机构、企业等建立协作关系

社工可在社工机构、用人单位协助下，通过熟悉社区相关网络，争取推介服务的机会；也可通过主动走访社区，向不同学校、企业等机构推介服务。如通过用人单位领导邀请区内校长召开简介会，在会上向他们推介入校禁毒宣传教育方案。

### 2.5.2 善用电脑网络

现在的很多人都有上网习惯，因而通过制作禁毒网站、禁毒教育游戏等方式来开展禁毒宣传教育，对于徜徉于网络世界的年轻人将尤为有效。

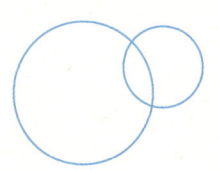

**B 服务提供**
——建立服务的过程及主要步骤

### 2.5.3 建立禁毒义工团队，协助开展禁毒宣传教育

镇街或区范围太大，仅靠社工摸排掌握情况，开展禁毒宣传教育宣传显然会有一定难度，因而在社区建立禁毒志愿者队伍，利用其对社区环境比较熟悉的优势，协助开展"社区为本"的禁毒工作，可有效增进禁毒宣传活动的支持度，有利于社工在镇街内各社区开展禁毒宣传活动。

### 2.5.4 关注时事，回应禁毒相关问题

社工要经常留意社区内相关禁毒新闻，并做出适切回应，从而让社区居民更加理解禁毒社工的立场及在禁毒工作方面的角色定位。

### 2.5.5 制作宣传资料

社工应制作不同的宣传资料，如中心宣传单张、禁毒宣

传单张、社工宣传单张等，在向社区居民宣传毒品危害及抗毒技巧的同时，让社区居民了解社工工作内容及联系方式。

## 2.5.6 定期在社区社工站提供服务

目前，社工多在镇街或区内的政府机构办公，办公地点一般在镇街中心区，因而不便于居住较偏远的居民认识、了解禁毒社工的服务。即使是了解禁毒社工服务的居民，多数也会碍于乘车时间、开支而放弃寻求社工服务。因而社工应定期到各社区设立服务推广及咨询工作站，以便更全面地为社区居民提供服务。

## 2.5.7 与戒毒康复人员协作

尽管谁都知道戒毒并非一个轻松简单的过程，但迄今为止，轻视毒品危害者仍不少见。成功戒毒人员是禁毒宣传教育最好的榜样，而邀请成功戒毒的人员到社区分享个人心路历程，不仅可对吸毒者步入戒毒行列发挥良好的示范作用，而且可对促使其他人员远离毒品起到有效的警示作用。

禁毒社会工作的行政要求

## 3.1 人员配备

视实际情况，每个用人单位所配置的一线社工名额不一：

（1）每8～14名一线社工配置1名本土督导（见习/初级督导或以上）。

（2）每6名全职一线社工配置1名督导助理。

## 3.2 社工、督导助理及督导的专业背景与相关经验

### 3.2.1 一线社工的专业背景及相关经验

（1）取得本科或以上学历，且持有助理社工师资格证。

（2）取得本科或以上学历，但未通过助理社工师资格考试。

C 禁毒社会工作的行政要求

（3）取得大专或以下学历，且持有助理社工师资格证。

（4）取得大专或以下学历，但未通过助理社工师资格考试。

每区"禁毒办"辖下用人单位的社工团队人员配备按实际情况而定。以上不同专业、学历背景及相关经验的社工，其薪酬也会因此而有所差异；同时，未获取助理社工师资格证而被聘为社工的人数，不得超过用人单位使用社工总人数的20%。

## 3.2.2 督导助理的专业背景及相关经验

督导助理须取得助理社工师或以上专业资格，具有半年或以上社工工作经验，并从优秀社工中选拔产生。

### 3.2.3 见习督导/初级督导的专业背景及相关经验

（1）由见习督导/初级督导负责统管和监督每个用人单位的社工团队。

（2）见习督导需取得助理社工师或以上职业资格，具有2年以上社工相关工作经验或1年以上一线社工工作经验，从督导助理或优秀社工中选拔产生。

（3）见习督导原则上指导2名督导助理、20名一线社工，辖下共22人左右（具体人数可视具体情况适当调整）。

### 3.2.4 督导助理及见习/初级督导之职责

详情可参考深圳市社会工作者协会发布的《深圳市社工督导人员工作职责手册(试行)》（见附录四）。

C 禁毒社会工作的行政要求

## 3.3 办公室及设备等配置

### 3.3.1 办公室配置主要建议

（1）每名社工配置办公面积5～6平方米。
（2）每名督导配置办公面积12～15平方米。
（3）共享空间（茶水间、储藏室等）面积30～40平方米。
（4）多用途会议室1间，面积30～40平方米。
（5）多用途小组活动室1间，面积15～20平方米。
（6）面谈室2～3间，每间面积8～10平方米。

图3.1 个案面谈室

图3.2 小组活动室

### 3.3.2 办公室辅助设施配置

（1）办公桌椅每名员工1套。

（2）临时工作人员使用的办公桌椅1~2套。

（3）办公用品、文具器材，包括电脑、打印机、数码相机、办公固定电话、传真机、碎纸机、复印机、投影仪及活动用桌椅等。

（4）其他办公家具，包括档案柜、文件柜、储物柜、书报架、饮水机、墙报板、面谈室的沙发及茶几等。

（5）办公室环境的美化，如盆栽、壁画等。

禁毒社会工作成效评估

## 4.1 工作指标

### 4.1.1 订立工作指标的方法及原则

对禁毒领域社会工作的评估，主要看社工团队在既定工作目标之下，能否完成相应的服务指标。社工团队的服务指标，包括产出指标及成效指标，必须经由区民政局、社工机构及用人单位三方协议订定，并在服务合同内注明。一般而言，服务的具体内容、服务产出指标及成效指标的订定，通常以1年为期，且须考虑其是否可行及可否量化。

D 禁毒社会工作成效评估

### 4.1.2 禁毒工作目标

■积极配合社区禁毒工作小组落实帮教、管控措施,做好毒品预防宣传教育等工作。

■在各相关单位和部门的支持下为戒毒者提供生活上的关心和支持,帮助他们解决目前生活学习、社会交往中的突出矛盾和问题,鼓励他们树立远离毒品的信心和决心。

■对戒毒人员进行心理咨询和辅导,提供治疗和康复建议和条件,疏导他们在戒毒过程中因心理和生理反应造成的不良情绪,引导他们抵制毒品和毒友的诱惑,促使其建立良好的人际关系,提高其适应社会环境、处理问题的能力,达到降低复吸率,使戒毒人员恢复正常学习生活的目的。

## 4.1.3 服务量、成效及服务内容指标

### 1. 服务量指标

服务量指标是指为衡量每类服务的基本表现而订立的标准。例如个案/会员数目、个别干预计划完成比率、小组活动平均出席率、已举行活动的数量等。

### 2. 服务成效指标

服务成效指标是为了量度服务成效而订立的标准。各项标准是根据不同服务类别而制定的。在量度标准时，有时需要使用特定的量度工具(如调查问卷、接受服务前后的比较量表)以搜集有关资料。服务成效标准可用于量度整体服务使用者在使用服务后的改进情况。例如，是否扩大了支持网络、是否提升了处理问题的能力、参加活动后的减压程度等。

D 禁毒社会工作成效评估

## 3. 禁毒服务的具体内容及其对应的评估指标

表4.1 禁毒服务的具体内容及各评估指标

| 序号 | 服务内容 | 服务产出指标 | 服务成效指标 |
|---|---|---|---|
| 1 | 排查 | 全部实际数量 | — |
| 2 | 帮教个案 | 开案总数135例 | 结案率达到50%或以上 |
| 3 | 家庭辅导 | 实际次数 | — |
| 4 | 小组（帮教对象、家庭成员、社区居民、学生等） | 5次，至少30节小组活动 | 70%或以上的参加者，出席率达70%或以上<br><br>60%或以上的参加者表示从小组中得到帮助 |
| 5 | 社区活动（面向帮教对象、家庭成员、社区居民等） | 18次 | — |
| 6 | 学校禁毒宣传教育活动 | 27次 | 60%或以上的学校联络人表示学生从活动中得益 |

## 4.2 禁毒社工的个人服务表现评估指标（机构内部社工督导参考使用）

### 4.2.1 社工的服务表现及成效

社工的服务表现及成效除与其所属社工队伍的行政及管理有关，更与社工本人的专业知识、技巧和能力息息相关。因此，有必要对社工本人进行定期评估。对社工的评估既能反映其个人当时的服务表现，也可为其机构制订培训方案和成长计划提供依据，从而使社工机构、用人单位及服务对象均能受益。

### 4.2.2 评估社工的服务表现及成效

对社工服务表现及成效的评估可从多个方面进行，包括社工能否有效率地开展工作、是否有效运用资源（包括志愿者、设备及工作方法等）等。社工的表现指标包括十个方面。

■能通过行为评估工具及直接观察案主行为的方法，对案主的需要进行评估。

D 禁毒社会工作成效评估

■能针对案主个人需求制订相应的工作计划及目标。

■能决定用何种方式对干预的有效性作出评估。

■能参考以往的成功案例（如曾经有行为偏差而情况又相近的案主的例子）及有效的治疗程序（如查找相关文献、向专家征求意见等）。

■能为干预程序的实施做好案主、案主家人的准备工作，同时考虑其他环境因素。例如，取得所需资源、案主或其监护人的同意及监管机构的授权，能在干预阶段取得其他专业人员的配合，等等。

■能利用基线评鉴进行行为评估，检查资料的可靠性；能取得接受干预后的案主行为改变数据。

■如有需要，能根据所获资料修改干预计划及程序。

■能保存完整的案件记录（包括图表及相关数据），并给案主、家人或监护人传递适当的信息，还能为内部会议（如个案会议）、拨款机构（如国家机构、基金会等）及监督管制机构（如督导及评审单位）等提供适用信息。

■能系统地实施干预程序，从接案到结案都能持续推进案主的改善，确保案主实际接受的服务与需要评估及服务计划保持一致。

■能提供跟进服务，确保干预效果的持续。

有清晰的运作架构（包括行政运作的政策、程序、机构管治架构、人事管理及服务提供系统等），并能付诸实践且利于社工有序地执行、检讨及跟进，从而为社工团队提供完善和高效能的工作环境，使社工能系统、有成效地提供管理与服务。

## 4.3 服务时间

禁毒社工按照服务合同所订明的标准，结合所在岗位的实际情况，每周须达到35个小时工作时间。社工上班时间一般为星期一至星期五的9：00～18：00，星期六、星期日视工作需要加班。在特殊情况下，社工需要加班或在非工作日上班的，可按实际情况调休，但必须事先征得用人单位和团队督导的同意。

D 禁毒社会工作成效评估

## 4.4 质素监管和服务质素标准

### 4.4.1 一般服务质素标准（SQS）简介

香港社会服务的"服务质素标准"（Service Quality Standards，简称SQS）模式，在管理及提供服务方面，明确了社会服务机构应具备的质素水平。"服务质素标准"依据以下四项原则厘定：

- 明确界定服务宗旨和目标，运作形式应予公开。
- 有效管理资源，管理方法灵活变通、创新并有持续改善。
- 鉴定并满足服务使用者的特定需要。
- 尊重服务使用者的权利。

## 4.4.2 禁毒社工服务工作流程中的质素监管重点

表4.2 禁毒社工服务工作流程中的质素监管重点

| 质素监管范围 | 实 行 内 容 |
|---|---|
| 1.服务机构尊重服务使用者的隐私和保密的权利：<br>● 服务机构应备有并执行确保服务使用者隐私与尊严得到尊重的政策及程序<br>● 使服务使用者的任何个人隐私和尊严应得到尊重<br>● 服务单位应备有及执行确保服务使用者的保密权得到尊重的政策及程序 | ● 服务机构备有确保服务使用者隐私和保密权得到尊重的政策及程序，并确保所有员工熟知和切实执行<br>● 服务机构确保服务使用者有关的书面或口头信息仅可在需要向当事人提供服务且征得其本人同意（在某些情况下，也须让服务使用者的监护人或家属知情）的情况下，才可让职员或其他专业人员知悉<br>● 为了保密，服务机构必须以安全妥当的方式储存服务使用者的档案和记录，并就此特别设立严谨的计算机使用制度<br>● 征得服务使用者（或其监护人或家属）同意，才可为服务使用者拍摄或对外发布与其相关的一切信息<br>● 限定服务使用者的资料只提供给有必要知情的职员查阅 |

D 禁毒社会工作成效评估

续表4.2

| 质素监管范围 | 实行内容 |
| --- | --- |
| 2.服务机构应制备说明材料，清楚陈述其宗旨、目标和提供服务的形式，供公众随时索阅：<br>● 服务机构须制备载有最新信息的手册、信息单张或小册子，说明其服务的宗旨、目标、对象、提供方法等信息<br>● 服务说明所用的文字措词应明白易懂<br>● 如情况适当，服务单位应将其服务说明及信息主动发送给可能需要服务的人士，与本区有关的服务机构、单位及社区团体 | 服务单位信息小册子的作用在于向市民或社会工作专业人员介绍本机构的服务，其必须满足以下条件：<br>● 所包含的基本信息应包括服务单位宗旨及目标、服务对象、提供服务的方法、申请和退出服务的程序、联络方法等<br>● 在编排方面应力求清楚、明确，明白易懂，使阅读者对服务单位及其提供的服务有正面认识，如条件许可，亦应以录音带或录像带的形式提供信息<br>● 服务信息广泛，可靠实用且容易获得，便于潜在服务对象、工作人员和市民索阅<br>● 通过邮寄、在书架上摆放等多种渠道派发 |

续表4.2

| 质素监管范围 | 实行内容 |
|---|---|
| 3.服务机构应保存服务运作及活动的最新准确记录；<br>● 制备准确和最新的统计报告<br>● 向用人单位及民政部门汇报 | 社工保存个案、小组、活动和其他与服务有关的文件记录，并在每年年底交回社工机构存储：<br>● 记录必须涵盖为提供服务而进行的核心活动（如个案及项目活动记录）<br>● 存录的资料还需包括服务单位运作和非核心的活动记录（如职员记录）<br>● 这些记录所载的信息须纳入用人单位要求的统计报告之内<br>● 服务运作和活动记录、报告必须准确无讹 |

### 4.4.3 建立服务流程和模式

要有效协助吸毒者或过来人（以前有吸食毒品人士）复康，需为其特别设计治疗服务，从而引导吸毒者或过来人改过自新，重归正途，使他们不仅奉公守法，还能为社会作出贡献。服务模式为：通过专业辅导和康复活动协助吸毒者或曾吸毒者处理各方面问题，包括经济、就业、住宿、家庭、社交、心理、情绪、行为及滥用药物等不良行为问题，增强他们的信心，使他们顺利融入社会，建立人际支持网络，成为守法公民。

D 禁毒社会工作成效评估

## 1. 建立禁毒服务(复康)中心的具体步骤

● **策划阶段**
- 成立领导小组，讨论并形成项目方案；
- 建设社工团队，制定相关管理制度；
- 开展社区居民服务需求调查并撰写调查报告；
- 讨论并形成复康中心试点工作方案；
- 参观不同中心的运作，多了解学习；
- 拜访区内的不同单位及部门。

● **筹备阶段**
- 装修办公场地，购买设备；
- 制定中心各项规章制度；
- 制订专业化服务方案；
- 制订中心义工队伍招募计划；
- 举办一系列接待咨询、宣传等活动。

● **正式启动及服务实施阶段**
- 举行中心挂牌启动仪式；
- 举办座谈会、交流研讨会、主题讲座、培训等活动；

■ 逐步开展中心常规服务，包括常规性活动、心理辅导、讲座、社区推广活动等。

● **总结、考核和验收，全面推广阶段**

■ 接受区内相关专家、市社会工作领导小组办公室及社会工作服务机构的统一评估、考核；

■ 总结经验，结合复康中心服务及社区需求制订新的工作计划。

## 2. 建立三层服务模式

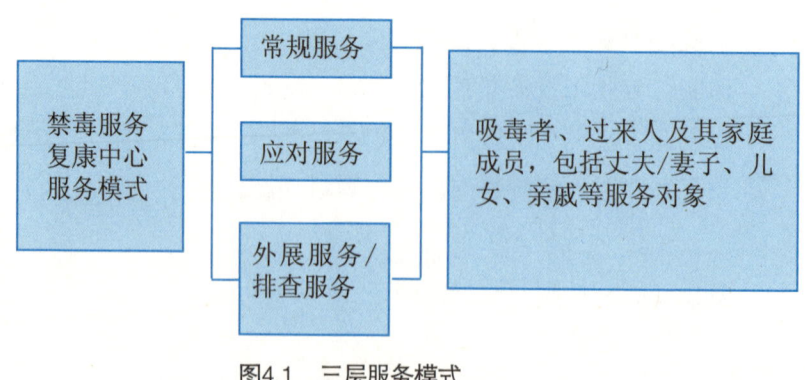

图4.1　三层服务模式

D 禁毒社会工作成效评估

## 3. 人力配备和分工

```
┌─────────────────────────────────────┐
│  用人单位领导、机构领导、机构督导   │
└─────────────────────────────────────┘
                  │
┌─────────────────────────────────────┐
│          督导助理/小组组长          │
│                                     │
│  ■统筹中心内部行政管理、工作协调与汇│
│   报、团队建设等;                   │
│  ■统筹中心服务开展、批阅实务活动计划│
│   书与评估书、社工实务督促及监管等  │
└─────────────────────────────────────┘
           │                │
┌──────────────────┐  ┌──────────────────┐
│ 禁毒社工服务组   │  │  义工服务组      │
│   一线社工       │  │   一线社工       │
│                  │  │                  │
│ 实务工作:吸毒者、│  │ 实务工作:义工服务;│
│ 过来人及其家人等 │  │                  │
│ 服务;            │  │ 行政工作:财务、外联│
│                  │  │                  │
│ 行政工作:档案管理│  │                  │
│ 、接待、外联、月 │  │                  │
│ 报、值班、考勤   │  │                  │
└──────────────────┘  └──────────────────┘
```

图4.2 人力配备和分工

●社工层面

要协助吸毒者或过来人重新投入社会，就必须通过各种不同的服务和工作手法，有效地运用及调配资源去说服教育他们，包括开展辅导服务、举办讲座、社区活动、艾滋病及性传染病预防教育、预防滥药服务及培训义工等各项工作，而且还需要在不同层面将健康生活和预防吸食毒品的信息传播至社区。

■提供辅导服务：了解吸毒者或过来人所面临的问题，提升他们解决问题的能力，帮助他们建立自信、避免复吸。

■提供小组服务：吸引吸毒人士或过来人，帮助他们建立互助小组，通过互助小组使他们能够应付生活困难，汇集正面力量，在分享中舒缓压力。

■培育及发展义工：招募、培育及动员义工（包括过来人），协助他们建立互助网络。

■开展学校教育：通过学校向儿童及青少年灌输正确的禁毒知识，使他们了解毒品危害的严重性，预防其因错误认识而吸食毒品。

■举办社区活动：在社区内进行禁毒宣传和教育，加深

D 禁毒社会工作成效评估

群众对毒品的认识，使他们了解其危害，进而远离毒品；引导大众给予吸毒者或过来人重新投入社会的机会，减少"标签效应"以及对吸毒者或过来人的歧视。

● 机构层面

■ 倡导工作：保持与政府部门、商业机构、专业人士及市民大众的良好沟通与协作，促使其制定符合吸毒者或过来人利益的政策；联合世界先进国家的国际组织和机构，特别是在每年"国际禁毒日"（6月26日），呼吁为吸毒者或过来人创造安全友善的生活社区。

■ 筹划建议公共政策：建议政府制定和施行良好的方针政策，使各项公共政策、措施能与社会服务互相配合，为吸毒者或过来人缔造一个适宜的社会环境，协助他们发挥应有的社会功能。

■ 推动部门合作：推动多专业、专门化及跨界别的协调，增进部门间的合作，以提高社工服务效率，包括定期与警方、戒毒所、各机构开展工作分享会，促进彼此合作，有效地建立工作网络，进而推动服务。

### 4.4.4 社工与其他服务人员的培训及继续教育

#### 1. 员工的专业发展

员工的专业发展可以提升服务的素质和成效。按照前述三方服务合同规定，社工机构需要为前线社工提供160个小时的培训时间（40个小时的民政部门基础培训、120个小时的机构培训），并在合同期内全部完成。社工接受培训的时间不应与正常工作时间相冲突。

#### 2. 社工的培训形式

社工培训一般可分为岗前培训及在岗培训两大类。培训方式应该多样化，包括讲座、工作坊、参观学习或由督导指导等；社工机构和督导团队需要根据前线社工的实际需要来设计培训计划和方案；建议每个社工团队建立内部的朋辈辅导小组，以利于其彼此间的互相鼓励、交流督促，共同研习某些课题，并在实际工作中互相支持和指导。

D 禁毒社会工作成效评估

### 3. 新入职禁毒社工的岗前培训

新入职禁毒社工岗前培训的内容应包括：

■毒品及吸毒行为知识；

■打击毒品及吸毒行为的策略与方法；

■协助康复及辅导吸毒人员实务；

■用人单位介绍及背景等；

■服务单位主要服务内容、服务特色、年度计划和专业分工等；

■机构及中心内部管理制度，包括考勤、各类工作汇报、绩效考核、财务和物资管理等；

■中心值班安排、热线服务、服务计划书撰写、评估书撰写、督导制度等；

■项目及中心介绍、工作分配、工作考核等。

## 4. 社工在岗专业培训

社工在岗专业培训可以参考以下内容进行：

**表4.3　禁毒知识系列课程**

| | |
|---|---|
| 认识成瘾行为及其防治方法 | 吸毒人员常见法律回答 |
| 吸毒人员之特性、心理及需要 | 中国禁毒政策 |
| 毒品与相关疾病 | 如何开展禁毒预防教育 |

**表4.4　个案工作系列课程**

| | |
|---|---|
| 助人历程与技巧 | 跨专业团队工作实务 |
| 辅导技巧实务 | 个案工作流程 |
| 案例分析 | 辅导吸毒人员的常用方法 |

**表4.5　小组工作课程**

| | |
|---|---|
| 小组活动及程序设计 | 小组动力/小组发展阶段理论 |
| 小组工作技巧 | 小组工作实务案例 |

**表4.6　行政及管理课程**

| | |
|---|---|
| 服务表现评估方法 | 资源运用及财务管理 |
| 员工督导 | 计划书及评估报告撰写技巧 |

D 禁毒社会工作成效评估

### 5. 社工的其他培训及专业发展机会

社工的其他培训及专业发展机会包括如下方面。

■ 参与国内外的专业工作坊、研讨会等；

■ 参与研究及开发本土干预方法；

■ 为工作表现高于标准或因事业发展需要进修的社工提供奖学金和进修的机会；

■ 提供参考资料库，以满足社工工作需要；

■ 定期与其工作范畴相关的专业顾问接触；

■ 与大学及其他人本服务计划建立联系，为员工提供理论知识及实务经验；

■ 进行岗位轮换，让所有员工享有最大的机会接触不同的工作及其他员工，以使员工拓展新的工作技巧和新的职业兴趣。

# 禁毒社工如何与不同领域及专业人士合作

在日常工作中，禁毒社工很多时候都会与其他领域或专业人士接触。因此，保持与他们进行良好沟通及合作关系，直接关系到社工协助个案戒除毒瘾、获得康复与新生工作的成败得失。

## 1. 医生/护理人员

就个案的身体状况及戒毒时的心理、生理感受与医务人员沟通，从而使医务人员在更有效地掌握个案戒毒情况的基础上提供更恰当的治疗。

## 2. 法官/律师

有需要时，社工可陪同个案上庭（香港情况），向法官或律师提供最新资料，以协助法院作出相应的判决。通常法院会根据最新资料对个案作出不同判决，包括送强制戒毒

E 禁毒社工如何与不同领域及专业人士合作

所、接受感化服务、进入由非政府的社会福利机构主办的自愿戒毒中心（香港情况）接受戒毒服务等。

### 3. 司法/劳教所/强制戒毒所/惩教机构（香港情况）工作人员

社工应多与上述人员接触，为个案协调一套完整的包含惩罚与康复两大方面服务的救助方案，以有利个案在接受戒毒或惩罚之后的心理与生理康复。

### 4. 警察及有关执法人员

当个案因某些与吸毒有关的行为被警察逮捕或拘留时，在个案有需要且条件许可的情况下，社工可主动前往有关派出所了解情况，从而为个案提供相应的和恰当的服务。

### 5. 老师/学校有关人员

在个案有需要或条件允许的情况下,社工可多前往学校与老师联系,为学校提供有关吸毒情况及禁毒的最新信息,协助老师及早察觉学生可能的吸毒行为并采取相应措施,同时也可推行更多的预防吸毒宣传活动。

典型个案

# 6.1 个案一：迷途旅人的回归
## ——美沙酮药物维持治疗戒毒人员案例

## 6.1.1 案例背景

### 1. 服务对象基本资料

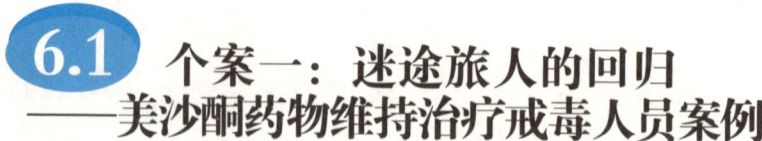

姓名：P某　　　　　性别：男
年龄：45岁　　　　　学历：初中
个案情况：已结案
社会工作者：李晓兰、黄瑞斌、郭月媛
督导：彭盛福

### 2. 接案时间及服务对象来源

■接案时间：2009年8月17日。

■服务对象来源：服务对象是在美沙酮药物维持治疗中心接受治疗的戒毒人员，主动走进社工在美沙酮设立的咨询室，咨询相关社工服务。在与服务对象接触一段时间后，社工对服务对象的问题做了初步评估，确定接案。

F 典型个案

### 3. 服务对象背景资料

■ 问题引发/重要事件：案主在20年前从湖南老家的单位离职来到深圳打拼。经过几年的不懈努力，案主闯出了一番事业，有了数十万元的积蓄，一度被老家视为有为青年，老家的人一提起他都赞赏有加。但好景不长，正当其春风得意的时候，经常因应酬而出入各种娱乐场所的他，在1996年的一次应酬中，受生意上朋友的引诱，沾染上了毒品，此后便一发不可收拾。虽然案主并没有放弃自己的生意，但其对事业的雄心已经被毒品销蚀殆尽。很快案主就意识到了毒品的危害，很想戒掉毒瘾，并曾多次尝试自己买药在家中戒毒。但由于其妻子和孩子都不在身边，缺乏有效的监管和支持，很快就又再次吸食毒品。尽管如此，家人仍对他仍不离不弃。2007年，案主开始在龙岗区美沙酮维持治疗中心接受治疗，并取得了一定效果。但由于儿子大学毕业后考上了公务员，所以他对自己的吸毒背景倍感压力和困扰。

## 6.1.2 评估

### 1. 理论背景

马斯洛需求层次理论把人的需求分为两大类、5个层次。两大类分别是缺失需要和成长需要：缺失需要是人与动物所共有的，可引发匮乏性动机，缺失需要一旦得到满足，则紧张消除，兴奋降低，从而失去动机；成长需要则是人类所特有的，可产生成长性动机，是人超越了生存保障后，发自内心地渴求发展，实现自身潜能的需要。5个层次自下而上依次为生理需要、安全需要、归属与爱的需要、尊重的需要、自我实现需要。马斯洛认为，人必须至少先部分满足低一层次的需要，才能产生满足高一层次需要的动机。

理性情绪理论认为，人的情绪来自人对所遭遇事情的信念、评价、解释及哲学观点，而非来自事情本身。情绪和行为受制于认知，认知是人心理活动的"牛鼻子"，把认知这个"牛鼻子"纠正了，情绪和行为困扰就会在很大程度上得到解决。

【督导点评】社工懂得利用上述两种理论来分析服务对象的问题，进而提出解说及化解问题的办法，不仅显示了社工

F 典型个案

工作的专业性和建设性素质，也构成了理论与实践相结合的鲜明例子。很多行为科学，都包含了丰富的社会工作理论，经过此前无数学者的钻研与引进，已经成为我们前线社工在辅导服务对象时完整、扎实的行动指南。

2. 问题分析

结合服务对象的实际情况，社工以马斯洛需要层次理论为依据进行分析，认为服务对象当前存在的问题主要包括四个方面。

■服务对象在戒毒过程中存在非理性信念，缺乏回归社会的动力和勇气。

■服务对象正处于再创业初期，创业初期的困难给服务对象带来了巨大压力，但其又缺乏有效的自我调适能力。

■服务对象在接受维持治疗的过程中，对服药戒毒的信念显得不够坚定，即虽然有戒断的想法，但缺乏有效且明确的戒断计划。

■服务对象担心自己的吸毒背景给儿子的前途带来负面影响，面对家庭的未来，服务对象感到很有压力。

**【督导点评】**从上述分析中可以看出，社工对服务对象的问题有了充分的了解，并据此作出了正确判断，为随后提出相应辅导计划并加以实施奠定了基础，这标志着社工向成功地辅导服务对象迈出了很重要的一步。

## 6.1.3 服务计划

经过社工小组讨论分析，同时结合服务对象自身的需求，社工与服务对象共同制订了以下工作目标及服务计划。

### 1. 个案目标

■消除服务对象的"标签"意识：协助服务对象正视自己的过去和现在，重拾生活信心。

■协助服务对象突破创业初期的瓶颈：对服务对象进行情绪疏导，提升服务对象疏导压力的能力，使其保持创业的主动性与积极性。

■坚持美沙酮维持治疗：鼓励服务对象坚持服用美沙酮，在服药期间不再偷吸毒品；与门诊医生共同制订戒毒计划，争取使其早日戒除毒瘾。

F 典型个案

■最终目标：帮助服务对象树立理性的戒毒信念，成功戒断毒瘾，融入新生活。

【督导点评】这是社工开展个案工作非常重要的一环。美沙酮戒毒治疗计划自20世纪70年代在美国及香港推行以来，成功协助很多吸毒人士摆脱了吸毒恶习、重新过上了正常生活，很多人已经因此获益。然而，美沙酮服用者戒毒失败、复吸，甚至脱离美沙酮治疗行列者也不在少数。因此，鼓励及引导美沙酮服用者坚持服用美沙酮，摒弃吸毒行为，更需要社工的积极行动。努力促进服务对象与医务人员之间的沟通与合作，使服务对象用药（美沙酮剂量）、生理心理反应、行为调适等方面协调配合，是社工服务获得成效的关键。作为社工督导，我很欣赏社工为此所付出的努力。

2. 服务计划的主要内容

■选择个人系统介入：适当地运用支持、引领等专业技巧，从令服务对象回顾吸毒历程切入，促使服务对象表达自己的真实感受与体验，从而建立并巩固相互间的专业关系。

■从服务对象最关心、最迫切需要解决的问题入手，与其建立良好的信任关系；加强引导，淡化矫正色彩，着重了解服务对象的思想动态，疏导其情绪，帮助其解开思想上的症结，促使其以积极的心态面对人生。

■以小组形式，运用互动理论模式，借助小组动力来促使服务对象认识自身的问题，增强其面对生活的信心，以乐观的心态面对自己的人生。

■针对服务对象在创业初期遇到的瓶颈问题展开讨论，协助其建立理性的创业观和价值观。

■协助服务对象运用家庭动力，勇敢地面对社会、面对家人，以其家庭责任感强化戒断毒瘾的信念。

【督导点评】毋庸置疑，家庭对个人行为的影响是最为重大的。社会工作者应时刻牢记，在任何情况下均需努力了解服务对象与其家庭的关系，从而促进二者之间的互动。社工应使服务对象明白，作为家庭成员之一，自身所扮演的角色无论是父亲、母亲、儿女、丈夫还是妻子，其对家庭的责任及相互间的关爱、照顾是永存于世且无法消解或被取代的。而社会工作者如何在服务对象身上发掘家庭效力及影响力，对服务对象的康复并获得新生将起到至关重要的作用。

F 典型个案

## 6.1.4 介入过程

**1. 建立专业关系**

■时间：2009年8月17日。

■形式：转介和面谈。

■主要服务内容：服务对象是由美沙酮门诊的医生转介给社工的。服务对象向社会工作者坦述，希望社工能够帮助其戒断困扰自己很久的毒瘾。为此，在社工与服务对象共同分析其所面临的主要问题，以及这些问题给他带来的困扰之后，服务对象基本认同了社工的分析，并表示愿意接受社工的服务。在初步专业关系建立之后，社工为其正式开启了个案，并根据服务对象的问题制订了适宜的服务目标和跟进计划。

## 2. 突破创业瓶颈

■ 时间：2009年10月29日。

■ 形式：面谈。

■ 主要服务内容：社工主动约访服务对象，为其提供有利于戒断毒瘾的资料，同时了解其近来的生活状况。随后，社工对服务对象进行了有效引导，并根据服务对象的实际情况，协助其重新明确了就业方向——创业（仍然是经商）。在为自己能重新找到生活目标而兴奋的同时，服务对象向社工讲述了其创业的蓝图和前景。针对服务对象的创业目标，社工给予了鼓励和赞赏，并为其分析了创业过程中可能面临的一些问题，以此与服务对象分享创业过程的喜怒哀乐。

【督导点评】及时了解服务对象的状况并予以跟进，预防了服务对象因为情绪低落而复吸。

F 典型个案

### 3. 建立理性的戒断信念

■时间：2009年7月—2010年9月。

■形式：小组活动。

■主要服务内容：根据服务对象的特点，社工结合小组动力学理论，在美沙酮中心举办了各种主题小组。通过以"昨天·今天·明天"为主题的成长性小组、以"春风加油站"为主题的发展性小组以及以"发现他的美"为主题的学习性小组，设计出了一系列提升组员自信心的小组游戏和互动活动。在这3个主题小组中，社工发掘出了服务对象的领导潜能，通过让其担任组长，促使他有效地带动组员参与小组活动，这些行为不仅活跃了小组氛围，取得了良好成效，而且还提升了服务对象的自信，坚定了其戒毒的信念。

【督导点评】社工能有效地运用小组辅导形式，配合个案辅导，在理念及行为上促进服务对象的改变，这一做法显然值得赞赏。

### 4. 制订合理的戒断计划

■ 时间：2009年11月—2009年12月。

■ 形式：面谈。

■ 主要服务内容：服务对象在社工的鼓励与支持下，抓住2009年10月在广西南宁召开的"东盟会"这一契机，与几位朋友合作，在中越边境的某个县城开办了外贸公司。事业的发展又给服务对象带来了一定压力，同时也更坚定了服务对象戒断美沙酮的信念。服务对象主动与社工谈到自己的儿子今年刚大学毕业并顺利考上了公务员。这在让服务对象感到欣慰的同时，也对自己的吸毒史深表愧疚。他担心自己的吸毒背景会影响到儿子的前途。在对服务对象儿子的成就给予充分赞赏，并对其处境和顾虑表示理解的前提下，社工向其澄清了他的吸毒背景与儿子发展之间的关系，并充分利用其对家庭的责任感来强化其戒断毒品的信心和决心，协助其找到了戒断毒瘾的根本动力，发掘了其自身的戒毒信念，从而为社工的个案辅导确立了强有力的支撑。在意识到自己的戒断动力后，服务对象向社工讲述了自己制订的戒断美沙酮计划，并希望自己能尽快成功戒断。在指出计划不合理之处

F 典型个案

的前提下,社工又与其一同重新制订了一份适合服务对象自身情况的戒断计划,为其戒除美沙酮提供了明确的方向。此外,社工还时常鼓励服务对象在戒断过程中保持耐心和恒心,定时与其讨论戒断进度,并对其在戒断过程中遇到的问题给予跟进辅导。

**【督导点评】**我非常赞同社工能在对服务对象开展辅导的过程中,多番强化服务对象对家庭的责任感的做法。我相信一个对自己、家庭及社会有强烈责任感的人,只会每天关切自己对家庭及社会是否有所贡献,而不忍做出包括吸毒在内使家庭或社会蒙羞、蒙损的行为。

### 5. 后期跟进及回访

■时间：2010年1月—2010年10月。

■形式：咨询约访，电话回访。

■主要服务内容：服务对象在社工的建议下，调整了自己的戒毒计划。在后期跟进过程中，社工通过不断强化服务对象作为"父亲"这一身份的责任意识，使得服务对象闯过了戒断毒瘾的重重难关。此外，服务对象还听取了社会工作者的建议，利用工余时间参加各种公益活动并在社工组织开展的针对美沙酮服药人员的小组活动中让服务对象现身说法，将自己的戒毒经历讲述给参加活动的组员听，为组员传授戒断过程中可能出现的不适状况以及如何调整等戒断经验。

截至2010年10月，服务对象已经有一段时间没有去美沙酮中心接受维持治疗了。经向美沙酮中心医务人员咨询得知，服务对象已经停药半个多月了，而且其在跟进过程中情况良好，已经符合了戒断的基本条件。经电话询问，服务对象表示自己已经有10多天没服用美沙酮了，并表示希望争取利用这段时间成功戒断。

F 典型个案

## 6.1.5 评估

### 1. 精神状况

经社工的专业介入，服务对象的精神状况有了很大的变化，服务对象清醒地意识到了长期吸毒给自己造成的不利状况，因而积极主动向社工寻求改变方式，并主动与社工探讨有利于自身戒毒的方法。

### 2. 职业生涯方面

服务对象曾经取得过事业的成功，但在成功的巅峰期不慎染上毒瘾。漫长的吸毒史让其迷失了生活的方向，失去了工作的信心。在社工的鼓励和支持下，服务对象积极调整自己的生活态度，并通过合理发掘可利用的社会资源，重新开启了自己的事业航船。

### 3. 问卷调查评估

服务对象完成服务计划情况及其满意度：问卷调查结果显示，服务对象对社工为其制订服务计划的完成情况及进度表示满意，伴随服务进程，服务对象明显发现了自己的改变。此外，服务对象希望社工能够做到对其个人及家庭资料的绝对保密。

## 6.1.6 结案

服务对象的改变：在社工介入前，服务对象对自己的戒毒计划心有余而力不足，而且存在经常"偷吸"现象。为此，社工介入并在有效整合香港督导提供的戒毒社会工作经验和方法之后，为服务对象提供了恰当的戒毒计划。在戒断过程中，社工不仅给予服务对象以鼓励与支持并及时调整戒毒计划，而且还邀请服务对象参加各种社会公益活动，进而帮助服务对象合理、有效地戒断了毒瘾，最终使其成功地回归了家庭和社会。

## 6.1.7 结案原因

服务对象的问题基本得到解决，社工协助服务对象基本完成了服务计划设定的目标，并促使服务对象明显改善。经与服务对象协商并在征得督导、机构主任同意之后，社工对该个案作结案处理。

F 典型个案

### 6.1.8 专业反思

该案例中服务对象存在的问题包括：服务对象"标签"意识比较严重，担心自己的吸毒经历给孩子的职位升迁带来不利影响。而服务对象家庭责任感比较强，为其彻底戒断毒瘾奠定了思想基础。由长期吸毒导致的社会大众对服务对象的歧视，无形中在他身上贴上了"标签"，到目前为止，服务对象仍称自己为"像我们这样的人"。社工尝试以澄清、对质等专业技巧帮助服务对象重塑自我，但收效甚微。在跟进服务对象的过程中，香港督导为社工提供了很多有利于服务对象提高自信及戒断毒瘾的建议和方法，从而增强社工的工作信心，并为跟进工作打开了新局面。纵观整个辅导过程，社工认为，合理、恰当地运用专业知识与手法，积极整合香港督导提供的资源，是成功协助服务对象跳出自我限制和自卑的牢笼、发挥其自身潜能、取得辅导成功的关键。

【督导点评】作为督导，我很高兴地看到该服务对象在经过社工多番努力及悉心辅导下，最终能摈除吸毒恶习，迈向新生的社会工作实践。令我尤感欣慰的是，社工的专业服务，使一个典型的吸毒者从吸毒（当中可能还包括犯罪或违法行为）的深渊走向了新生的坦途。

众所周知，一个吸毒者会因吸毒行为遭遇别人的歧视和白眼，甚至可能因吸毒导致犯罪而遭受法律的制裁，其自尊心会因此荡然无存。缺乏自尊，必然导致缺乏自信；缺乏自信，必然会缺乏人生目标，更不可能有任何人生计划和斗志，一事无成地在毒海中浮沉漂泊，是吸毒者的必然结果。因此，转化这类服务对象采取的根本方法必然是使其重拾自尊，重建自信，重新规划人生以重展人生的美善与光辉。

F 典型个案

## 6.2 个案二：阿虎的故事

### 6.2.1 案例背景

**1. 服务对象基本资料**

姓名：阿虎　　　性别：男
年龄：34　　　　学历：高中
社工：吴泽楷

**2. 个案背景资料**

阿虎服过兵役，2001年在朋友的诱惑下，他开始吸食海洛因，后被强制戒毒1次，自愿戒毒1次，在被送劳教期间自觉维持操守6个月。阿虎于2009年8月20日回归社区，次日与社工首次见面。8月28日，社工与其签订服务协议，正式开案。

被送劳教前，阿虎曾与母亲发生过严重纠纷。被送劳教后，其妻子因房产纠纷与其母亲斗殴，并携儿子搬回娘家居住。回归社区前的阿虎曾打电话给其弟弟，扬言其回来后要收拾他。针对这些情况，社工在阿虎回到社区后及时介入，并发动社会治安综合治理委员会办公室牵头，协调街道司法所、社区民警和社区工作站副站长进行调解。经多方努力，所有相关人的情绪都得到安抚。2009年9月8日是阿虎的生日，适逢社工去家访，全家人聚在一起，给阿虎过生日，表面看起来其乐融融。但实际上在这几天里，阿虎几次与弟弟吵架，见到社工时情绪依然比较激动，并反复向社工表示"如果弟弟不接受他，他将和弟弟没完"。不过在社工的安抚下，他也说出了"我也是有良心的人，之前做得不好，现在应该好好改过，还是要尊重他们"的话。提到找工作，阿虎则表现出特别害怕见到人的情绪，甚至说出"要出去也得一大早出去，别被人看见"的话。

丢失高中毕业证、退伍证，驾驶证还没有年审，是两件令正为找工作发愁的阿虎最感无奈的事情。此前，社工曾就退伍证遗失一事，协助阿虎向相关部门咨询，得到的答复是"当事人可以找原服役部队开一张书面证明，或在自己的档案中查询并复印出有关凭证，加盖公章后有同等效力"，而驾驶证的年审，则需要阿虎自己去车管所咨询办理。阿虎表示要尽快处理好这些事情以便找工作。

## 6.2.2 问题分析

人本主义心理治疗理论认为，"心理学应该研究人的价值和尊严，咨询和心理治疗应该为恢复和提高人的价值、

F 典型个案

尊严作贡献"。罗杰斯对人的本性持非常乐观的态度，他认为，就本质而言，人是善良、理智、仁慈的，人有与他人和谐相处的愿望与能力，而且有自我成长、自我实现的内在动力。同时，人有自我实现的潜能，若在良好的环境下让他的潜质自由发展，此举将会是健康而具有建设性的。基于这一信念，罗杰斯认为，心理治疗不是在操纵一个消极被动的人格，相反应要协助案主，让他的内在能力与潜质以发展。

社工认为，从人的本性去充分认识和理解服务对象，是戒毒帮教工作得以顺利开展的前提。阿虎的情况十分特殊，其自身的特点也非常鲜明。首先，为摆脱药物对身体的残害，他的某些行为游离于道德规范之外，而这又是他的本性所不能接受的，为此他曾进行过抗争（包括自责、多次自行戒毒等）；抗争无果使得他身心俱疲，并慢慢地对自己的意志失去了自信，变得麻木与消沉。其次，长期应对批评、指责、不认可甚至是抛弃（被弟弟和母亲报送派出所，强制戒毒），他对母亲和弟弟有极强的逆反心理，并且本能地使用了各种自我防卫机制，跟妈妈和弟弟说话尖酸刻薄、攻击性强。最后，阿虎的自尊心强，现实处境的差异让他显得特别自卑，门都不敢出，更怕见到熟人。因此，社工认为，只有通过营造一种受人尊重和理解的氛围，让他的本性在这个氛围中得到舒展，才是帮助阿虎走出当今困境的唯一方法。

### 6.2.3 服务目标

在对阿虎的处境进行充分评估后，通过阿虎自己阐述，社工和阿虎共同制定了如下服务目标和服务策略：

■长期目标——接受服务至少半年，至结案时至少维持操守3个月以上，重新建立健康向上的生活方式。

■具体目标：

（1）主动出击，找到一份月薪1800～2000元的工作，在结案时至少坚持工作3个月；一个星期内，开始主动通过上网投简历找工作；半个月内解决驾驶证的年审问题；半个月内主动到人才市场找工作。

（2）维系当前的家庭关系（经过调解后已全家团聚），结案时至少坚持3个月不发生吵架、争执等纠纷。

（3）结案时至少坚持戒毒3个月，社工以突击抽检（尿检）为据。

（4）接受社工服务至少半年。

F 典型个案

## 6.2.4 服务策略

■介入理论——人本主义理论。阿虎有很强的维持操守的动机,社工可运用人本主义理论思路开展工作,将主要精力投放在致力营造一种良好的人际氛围,让阿虎在这种氛围中充分发掘自己的潜能,自主成长。

■制定面谈制度。每半个月与阿虎进行1次正式面谈;服务前3个月,每个星期至少与阿虎通电话1次;工作员可以约其一起打篮球(打篮球的会面不算入正式面谈)。

■开展家庭辅导。跟进阿虎家人在维系家庭关系方面的思想动态,每个星期与其中一位家人电话联系1次。如发生纠纷,社工则会及时介入。

■提供资源辅助。阿虎的儿子升入小学,社工可以为阿虎提供一些青少年家庭教育方面的资源,提升他作为家长在亲子教育方面的水平。

■协助其寻找就业机会。社工协助阿虎寻找就业机会,与社区商定如果有约2000元月薪的劳保岗位,会优先考虑提供给阿虎。

## 6.2.5 介入过程

■好的开端是成功的一半——无缝接轨：7月底，阿虎的母亲主动找到社工，反映阿虎即将从劳教所回归社区，寻求社工的帮助。为此，社工开始为阿虎及其家属提供帮助，无缝接轨工作启动。这不仅为社工在8月21日成功见到阿虎、8月28日成功开启个案打下了基础，而且也为本案的成功结案开了一个好头。

■机会总是留给有准备的人——阿虎找到工作：成功接案后，找工作就成了大家最棘手的事情。阿虎妻子在阿虎生日前一天为阿虎准备了一台电脑并且开通网络，阿虎在生日的第二天成功在网上投了简历。遗憾的是，由于阿虎的驾驶证已经1年多没有复核，阿虎按计划去了车管所却得知不能立刻复核，必须考取几门课程后才能重新年审。不过，这只是一个小插曲，阿虎很快凭着自己的努力找到了满意的工作。

F 典型个案

9月11日,社工突然接到阿虎所在的社区工作站通知,有一个就业岗位正好符合阿虎的条件,请社工立刻通知阿虎前去递交资料,这真是一个振奋人心的消息。社工立刻致电阿虎。这时社工特别兴奋,感慨阿虎有这么好的机会。

此后的10天,社工突然约见不到阿虎了,他总是说自己忙,社工感到非常纳闷。9月23日,社工再次拨通了阿虎妻子的手机,这时才得知阿虎已经找到一份工作,月基本工资2170元,外加各种补助,月收入3000余元,这个消息很令社工振奋。正是阿虎自己做好了准备,才有这样好的机会——原来制定的目标是月薪1800~2000元的工作,如今一下子将月薪提高了将近一倍,可见机会总是留给有准备的人的。

■无风不起浪——母亲要向儿子收生活费:一家五口3个小家庭,如果一直没有摩擦,那才不正常。开案2个月后,眼见一切"正常"。10月26日,阿虎母亲又到办公室来找社工了。稀客到来,社工难免热情招待。一番寒暄之后,阿虎母亲打开了话匣子。原来在阿虎回家以后的近3个月时间里,每天吃喝用花的都是母亲的钱,两个月下来,母亲便开始捉襟见肘了。社工耐心倾听了阿虎母亲的倾诉,发现老人家见多识广,人情特别通达,同时她自己也已经有了一个可行的想法。阿虎母亲告诉社工,她计划分别做每个人的工作,等大家私底下都同意了,再开家庭会议,决定向两个儿子收生活费。工作员对这位母亲的想法予以认可,并帮助其进行角色扮演,预先开始了准备工作。经过大家一番努力,一个星期后,这个不大不小的问题就被巧妙地解决了。

F 典型个案

■ 生命影响生命——阿虎妻子、阿虎弟弟准备考社工：随着工作的深入和沟通的增多，阿虎家庭中的两个人和社工的关系更加密切了。阿虎妻子本是待业在家，在对社工有了深入的了解之后，十分感兴趣，特别加了社工的QQ为好友，每次和社工交流时，透露出希望能有机会去考一张社工证的念头。阿虎的弟弟，目前已经有一份令人羡慕的工作，可每次谈起社工，都特别感兴趣，自认有服过兵役的优势，并且法律知识比较扎实，也有兴趣考一张社工证，做一份助人的工作。尽管每个人的动机和出发点不同，但是他们对社工这个领域的热情令社工特别欣慰，因而通过多个渠道向他们提供书籍、网络资源等，协助他们学习社工知识。

■ 为伊消得人憔悴——结案面谈：最后一天总是令人纠结。服务过程几经周折，终于满了半年。社工和阿虎进行了最后一次正式面谈——结案面谈。阿虎的母亲和弟弟不在家，留下了可爱的妻子和活泼的小朋友。所有的指标都成功地完成，大家都非常开心。可是就要开展的尿检依然让人揪心。社工小心翼翼地提出结案尿检，妻子对阿虎的应允充满期待。大家原担心阿虎会拒绝，可没想到工作4个月、胖了10余斤的他竟然爽朗地答应了，还同意有人监视其取尿液样本。很快，测试便在大家面前完成了，结果全部呈阴性，可谓功德圆满。在谈妥结案的随访之后，结案面谈便成功地结束了。

## 6.2.6 评估

这里重点阐述结果评估工作。目标达成情况：与原目标相比，阿虎成功找到了一份月薪3000余元的工作，并且维系戒毒操守半年之久，家庭在半年内也未出现重大纠纷，目标全部达成。

## 6.2.7 结案

按照原计划，社工成功为阿虎提供服务满半年，服务指标全部达成，经过督导和个案会议讨论，准予结案。

F 典型个案

### 6.2.8 专业反思

根据本案的开展过程和结果，社工着重从技巧角度对本案进行反思。

■无缝接轨，这是本案的关键。"无缝接轨"是本领域社会工作的专有名词，即监所戒毒服务和社区戒毒服务不间断衔接。当服务对象即将但尚未离开监所时，社区专业社工即前往监所对其开展准备性服务；待服务对象回归社区后，立即可开展全面服务。无缝接轨的运用，可以防止服务断层，对预防服务对象复吸有重大意义。本案正是成功运用无缝接轨，在未开案、开案初期便成功说服服务对象，解决了许多问题，有了一个良好的工作开端。

■人本理念的合理运用。人本理念提倡的是"Start where the client is"。罗杰斯倡导建立一种相互适应的氛围，即一种能够让服务对象、社工不会感到威胁和限制，而是能够自由地感受情感、探索自我的氛围。罗杰斯指出，这种氛围的实现需要有三个充分必要条件，即真诚透明、无条件积极关注和共情。以下是社工灵活运用这三种方法的集中表现。

（1）做一个完善人格的促进者。在整个服务过程中，社工都相信阿虎能够自我完善和自我健康发展。相信他的本性是积极的、向上的、富有理性的、具有建设性的，并且他可以通过自我教育不断自我完善，从而自我实现。而社工所做的就是去促进这种自我实现。

（2）做一个平等、和睦的，能建立良好专业信任关系的营造者。一直以来，阿虎都渴望得到尊重和认同。在整个工作过程中，社工都致力于营造这么一种氛围。

（3）做一个阿虎自我潜能的激发者。社工时刻给予阿虎积极的正向关怀，以满足他对温暖、同情、关心、尊敬和认可等情感的需求，鼓励他主动走出家门、走进社区、走向社会。

F 典型个案

　　(4) 做一个资源整合者。虽说服务对象有自己的潜能，社工没有必要提供解答、建议或分析，通过激发案主的潜能，案主能解决一切问题。服务对象的局限在于其资源匮乏，或者即便有潜在的资源也未必能充分利用。基于这一考虑，社工努力地和阿虎一起汇聚和整合所需资源，协调社区工作站、街道综治办、司法所、民政科，甚至是以前一直作为监管者的社区民警，使其成为阿虎的有力服务者。正是通过以上多方面的努力，阿虎才能在半年内取得这么好的成绩。

　　■工作中的不足。社工将精力过多地放在了良好专业关系的建立和维护上，从而遗漏了不少应该做的工作。例如，社工未能向阿虎提供亲子教育辅导（这是阿虎在结案时提出后社工才感悟到的）。此外，开展家庭辅导时，社工还存在偶尔忘记通知阿虎导致沟通不畅等问题。这些失误，直接导致了辅导工作不能更好地开展，社工将在此后的随访工作中去予以弥补。

【督导点评】案主刚由戒毒所出来的时候情况特别危急，有较高的复吸可能。社工能运用无缝接轨的理念，协助案主出院后克服适应问题，包括重建家庭关系、建立良好的朋辈支持网络，并在鼓励案主找工作过程中善用技巧和树立自信，最后令案主回归社会，恢复应有的社会功能。无缝接轨并不是新概念，但社工能把社会工作概念灵活地运用于实际案例中，充分体现了社会整合理论与实践的能力和智慧。

社工能善用家庭治疗介入手法，处理案主家庭冲突。社工在专业地分析案主家庭间关系之后，顺利介入婆媳之间的沟通问题及兄弟之间的紧张关系，改善相互间的沟通模式，从而协助案主重建更加和谐的家庭环境，使家庭关系的转变成为个案成功的重要助力。社工明白，只处理表征问题还不能彻底解决深层次问题，但解开家庭症结是触及问题核心的基本步骤。

人本主义介入方法易学难精，难就难在其对社工的个人品格、素质要求很高。但在本案中，社工却能令案主感受到其人格品质，同时其人本主义并没有停留于理念层次，而是在言谈间和具体介入过程中都能令案主感到尊重，从而成为激发案主改变的内在力量。督导相信这是社工成功处理个案的根本原因和该个案工作的出色之处。

# 活动教案分享

# 7.1 禁毒主题班会成长困惑之"向左走，向右走"

## 7.1.1 活动过程

### 1. 负责社工

虎门社会治安综合治理委员会办公室禁毒社工、横沥隔坑社区服务中心社工冯宛宁。

### 2. 课程概要

近年来，随着新型毒品的泛滥，吸毒人员呈现低龄化趋势，而中学生思想尚未成熟，同时又面临着各种成长压力，一旦无法正确处理，便容易滋生不良行为，包括吸毒。因此，开展校园禁毒教育，做好预防和拒绝毒品宣传，需要从培养他们正确处理成长问题开始。

### 3. 对象

初二学生。

G 活动教案分享

强化学生对健康成长的理解和认识，教会学生掌握正确处理成长困惑的方法，使学生自觉培养良好的心态，避免通过吸烟、饮酒、吸食毒品、流连娱乐场所等不良方式来逃避问题。

### 4. 教学工具
PPT展示，热身游戏，情景演示。

### 5. 教学方法
互动讨论，现场模拟。

### 6. 课程重点
常见毒品知识及危害以及拒绝毒品的方法，标注"☆"的为社工重点推荐环节。

活动时间：53分钟。

表7.1

| 时间（分） | 目的 | 内 容 | 备 注 | 所需物资 |
|---|---|---|---|---|
| 5 | 活动热身，初步建立社工与学生的关系 | ● 社工自我介绍，说明来意<br>● 热身游戏：<br>"社工说"规则——社工发出指令，只有当指令前有"社工说"的时候，学生才需按指令做，不然就维持原状。<br>"指挥拍掌"规则——当社工手心相对时，大家就一直拍掌；当社工双手叉开时，就停止拍掌<br>● 安静的约定：社工拍"嗒嗒"的时候，同学们就拍"嗒嗒嗒"，以此作为维持现场秩序的信号☆ | ● 社工须在学生进场前布置好活动场地，写明活动主题<br>● 热身游戏主要是为了把学生的注意力集中到社工身上，活跃学生们的大脑和手脚，营造良好的活动气氛 | PPT，电脑及投影设备 |

140

G 活动教案分享

续表7.1

| 时间(分) | 目的 | 内　容 | 备　注 | 所需物资 |
|---|---|---|---|---|
| 3 | 引起动机 | ● 引入班会主题之一：成长。展示一组代表成长的图文内容（包括身心健康、人际关系、学习能力、人生目标、生活环境良好等）<br>● 对困惑的思考：什么会破坏了我们的成长。展示给学生一张别墅风景图片，用来代表美好生活（或其他内容的图片，只要能代表比较正面或好的即可）。问他们："是否想拥有这样的美好生活？"然后当众把图片撕烂，引出讨论问题："什么东西困扰甚至破坏了我们的成长、我们的生活？"☆ | ● 此处只是简略提及健康成长的一些要素，让学生看到成长的标准<br>● 在撕裂图片的一刻，予以学生一种深刻的印象，体会生活一下子被破坏的感觉，让学生说一下生活被破坏的原因 | PPT展示，图片1张 |

续表7.1

| 时间（分） | 目的 | 内　容 | 备　注 | 所需物资 |
|---|---|---|---|---|
| 30 | 引起学生对成长问题和压力的关注，使他们懂得如何正确处理问题 | ● "成长困惑小缩影"：通过学生表演情景剧（见参考资料一）的形式展示一个学生的成长故事，让学生针对故事中主角的问题和解决方法进行深入的讨论分析，分别提供几种选择方法，让学生们选择并分析方法的好坏 ☆<br>● "向左走，向右走"：按照板书的成长线路，向左是走向破坏，向右是走向成长；当看到剧中主角最终走向左边吸毒那条不归路时，回顾刚才各个解决问题的方法，哪些是"向左"，哪些是"向右"<br>● 讨论问题：主角的选择结果有无解决问题？如果可以重新选择，我们每一步应该怎么走才能"走向右"而避免"走向左" ☆<br>● 小结：引导学生懂得如何处理成长的压力，强调学生可以选择正确的态度和方面来选择我们的成长方向 | ● 可在黑板上画出一条成长线，用正负说明选择的好坏<br>● 最后让学生重新选择每一步，看我们面对问题时，该怎么走"正"路 | PPT展示 |

G 活动教案分享

续表7.1

| 时间(分) | 目的 | 内容 | 备注 | 所需物资 |
|---|---|---|---|---|
| 10 | 结合情景剧，介绍与毒品相关的知识，加深学生对毒品危害的认识 | ● 承接情景剧中吸毒的问题，强调吸毒等一些不良行为会严重破坏学生的成长，学生要学会识别和抗拒毒品<br>● 介绍毒品，让学生对毒品有初步的认识<br>● 展示一些拒绝毒品的方法（与学生现场互动模拟拒绝毒品的方法）☆ | — | PPT展示 |
| 5 | 活动反馈，派发宣传资料 | ● 活动结束，现场询问学生对本次班会的感想，若反应良好则顺势问他们是否需要开展下一场班会，为下次活动作铺垫<br>● 让学生填写活动反馈表（见参考资料二），派发毒品知识宣传数据 | 留下社工的联系方式，日后学生如有需要也能有寻求帮助的途径 | 反馈表 |

143

## 7.1.2 活动总结

### 1. 筹备工作

提前两个星期通过学校社工联系到该校的德育主任，提交主题班会活动方案，在得到校方认可后，由学校选取初二级某班开展活动；在与该班班主任联系之后，找了几个学生帮忙排练情景剧；提前落实活动场地；到教室现场测试多媒体设备，并在现场做了演练，设想各种可能的情况，以便控制时间。

### 2. 目标达成

引起了学生对成长问题、青少年吸毒问题的关注，使他们学习到面对问题时应该采取哪些措施解决，如何选择正确的成长方向，并使他们认识到毒品的危害以及该如何拒绝毒品。

由于本次活动只是引起学生初步的关注，建立起社工与学生间的良好关系。如果时间允许，可以对毒品认识和预防有更深入的讲解。

G 活动教案分享

### 3. 内容及形式评估

在内容上，从情景剧引入成长话题。学生一边看展现成长问题的情景剧，一边讨论什么是好、什么是不好的选择，再总结学生可以自主选择成长的方向，其中就包括学生面对毒品时的态度，即坚决拒绝毒品；最后介绍了毒品知识和危害，以引导学生如何拒绝毒品。形式主要包括热身游戏、学生表演情景剧、互动讨论和分享、社工总结和讲解等。

总体而言，这样的内容和形式都比较受学生欢迎，现场气氛也比较活跃，第一次活动效果尚好。存在的问题是内容较多，时间较紧，未能让学生有较深入的思考和讨论，最好能增多一节延伸活动。如果在毒品介绍环节能有一些体验式教育，尤其是让学生模拟体验吸毒后的一些不良反应，效果则会更好。这些都可作为日后禁毒教育的一个发展方向。

### 4. 人手分工

作为活动主要负责人的社工，主要负责活动的总体策划、PPT制作、现场引领；另一名社工则协助查找数据、游戏演示、现场PPT播放并控制时间。

### 5. 参加者表现

学生们总体表现良好，其中协助表演情景剧的学生，都相当投入和积极。在表演情景剧的时候，大部分学生都能认真地看，在讨论时部分学生能踊跃发言，并能较好地回应社工的提问。尽管有一部分坐在后面的男生未能积极参与其中，但也没有人刻意捣乱，总体气氛良好。需要注意的是，在活动过程中，社工要广泛调动学生参与，在时机成熟时可让学生分组讨论和分享，加深他们的思考。

### 6. 社工表现

两名社工配合得较好，对时间把握得也较好。主要负责社工表现得相当热情、自信，能较好地调动现场气氛，引起学生的关注；在内容编排上也比较合理。但社工应更留意语速，切忌因为赶时间而使语速太快，以至于没能让学生都听清楚便过去了。社工要提高把握活动节奏及学生反应的能力，而且要善用活动前用击掌来作"安静的约定"，及时控制现场纪律。

G 活动教案分享

### 7. 其他观察

学生们对毒品的认识还是不够深刻，要加强这方面的教育。另外，他们对相关的宣传资料还是感兴趣的，以后可多向学校派发这些资料。此外，社工可以再联系班主任，争取多上一节延伸课程，以便对毒品和危害作进一步的讲解。

### 8. 社工专业反思

第一次到学校开展禁毒主题班会活动，就获得了师生们的好评，也为日后继续与该校开展禁毒教育打下了良好的基础。回顾此次活动的第一感觉就是"成功之门总是为有准备的人打开"的。负责活动的社工也刚到禁毒岗位不久，而且要开展禁毒教育这样看似趣味性不大的活动且需吸引学生关注，的确是一个较大的挑战。为此，社工认真地做了策划与准备。首先，社工要找到活动的切入点。禁毒教育不光是普及禁毒知识，同时也要让学生树立正确的成长观念，懂得如何合理地解决成长问题，这样才能使他们从根本上避免毒品的侵害。所以，社工对本次活动进行了这样的设计：以成长话题为引子，通过情景剧让学生看到成长中的种种压力和困惑，并学习如何选择正确、合理的解决方法，最终才不会走上一条破坏成长生活的道路。在这个事例中，社工切入了吸毒问题，把吸毒的危害性自然地展现在学生面前，让学生跟着剧情的发展一起分析青少年吸毒的原因以及如何拒绝不良诱惑等问题。这样的情景再现和互动讨论都较好地调动了学生的参与热情，同时因为情景剧中提及了吸毒问题，也引起了学生对毒品问题的关注。最后，在介绍常见的新型毒品危害时，也尽量用了一些明显的危害特点来引起学生的关注，从而加深了学生对毒品的印象。

除了在内容上做精心准备，社工还提前到达活动场地，测试了相关的活动器材，在现场做了简单的演练，这些都是在陌生场地开展活动很有必要的准备。事前演练，可以让社工对整个活动的各个环节、时间等的控制心中有数，而且在初次开展活动时适当的演练也能增强社工的信心。

最后，总结一下社工的角色。社工不仅要表现得像一名专业社工，了解专业知识和工作技巧，体现社工的专业原则，还要在一场活动中发挥社工作为精明的策划者、善于表达的演说者、能调动气氛的主持人、能带领分享的引导者及能随时投入角色的表演者的作用。这也恰好印证了那句话"社工不是万能，但最好样样都能一点"，这将促使社工不断学习和发展自身能力。

# G 活动教案分享

## 参考资料一　成长困惑情景剧
（以下情景剧用粤语表演，PPT内容）

**情景一**

雅正是一名小学六年级学生，他上一学年的考试成绩一般。因为他是独生子，父母对他的期望值很高，所以一直督促他要努力读书。（角色：雅正、妈妈，请看情景。）

妈妈：雅正，返来（回来）啦，上周考试的成绩点（怎么样）啊，比（给）我睇下（给我看一下）。

雅正：哦。

雅正（看着妈妈表情很不安，拿着一张只有70分的考卷给妈妈）：这次考试很难啊。

妈妈（看着试卷）：哎呀，你要比心机（用心）啊，你看看这些，你应该都会的啊，阿妈就得（只有）你一个儿子，你要努力学习啊……（说了一堆话）

雅正听得只有"嗯、嗯"回应。

雅正（坐在课室）每天想很认真地听课，但总是觉得听不进去，逐渐就打瞌睡。

一个月后，雅正拿着一张50分的考卷回家（无所谓的样子），妈妈唠叨得更厉害（指手画脚状）。

此后，雅正开始与家人吵架，说谎话。

**讨论**

■你觉得雅正所面对的是什么问题？

A.家庭问题；B.学业问题；C.朋友问题；D.行为问题

■你觉得雅正可以怎么面对，以下哪些是较好的应对方法，哪些是不好的？（用正负表现出来）

（1）认真听课，向老师和同学请教学习的方法；

（2）只听自己喜欢上的课；

（3）因为父母要求，强迫自己每天多复习1小时；

（4）找比较好的朋友一起温习功课，相互鼓励；

（5）开始有厌学情绪，上课就是为了等下课；

（6）和父母、老师说明难处，请辅导老师、社工帮忙；

（7）害怕面对，不管成绩好坏，能避则避。

■如果你是雅正，你会怎么做？

■请看雅正怎么做（让同学帮忙演完后面的情景）：

刚开始，他很听话。六年级开学后的第1个月，他的确很努力读书。但之后他渐渐松懈下来，成绩一落千丈，而且越来越觉得读书没用，爸妈的唠叨令他很讨厌。这个时候，他的行为也开始反叛起来，说谎话、顶嘴……

G 活动教案分享

**情景二**

雅正终于升上初一了。他父母仍然没有放弃鼓励他继续努力读书,但他都当成耳边风。他根本就不想读书,但没有获得家人支持,因此与家人关系日趋恶劣,自己也越来越反叛了(角色:雅正、妈妈、朋友)。

雅正上课很无聊的样子,等着下课背书包准备回家。

朋友(拿着球过来):雅正,终于落课(下课)啦,有没兴趣一起去踢波(踢球)啊?

雅正:啊,但是我要回家吃饭啦。

朋友:吃饭有什么好,先踢波啦,一齐玩几有意思(一起玩多有意思啊)!(靠了几下雅正的肩膀)

雅正:这样啊……

雅正犹豫的样子,心里说反正回家也没事做,那就去踢波(球)吧。

结果晚上回到家很晚了。

妈妈又非常激动地教训了他一番。

雅正心里更加反感,此后玩起来更变本加厉了。这所中学的留级制度把雅正与其他顽劣反叛的同学聚在了一起,大家"志趣相投"。放学后是他们的"快乐时光",他们一起在街上游荡、到球场踢球,总之不愿早早回家!

### 讨论

■在此，你认为雅正可以有哪些选择？（正、负）

（1）理解父母的苦心，与家人一起找到不想读书的原因，让家人明白和支持他；

（2）不管那么多，和自己的朋友玩得开心就好；

（3）认为反正家人整天就会指责他，不喜欢他，自暴自弃；

（4）寻求社工和大家的支持，重拾对读书的信心和兴趣。

■你觉得，在雅正心目中，是家人重要些还是朋友重要些？为什么？

### 情景三

雅正和朋友最爱踢球，但踢多了也感到厌烦。于是，便开始唱K、在网吧流连。没多久，他们就认识了一群吸烟、饮酒、吸毒的朋友，雅正整天与他们一起玩。每逢节日，数十人浩浩荡荡地结伴出去玩。大家没什么好做，便尝试吸烟、饮酒……（角色：雅正、朋友、青年）

雅正与朋友在KTV内玩，有几个青年走了进来。

青年：靓仔，只唱歌好闷的，来，试支烟提下神啦。

雅正（不好意思）：我不会抽的。

朋友："你甘（这么）落后啊，好容易的，试下啦，又

### G 活动教案分享

有型,又醒神。"(拿过烟推着让雅正试吸一下)

雅正被逼得不好意思就试了一口,咳得很厉害,大家都笑他,他又试了几下,慢慢开始觉得挺好。雅正和朋友一起在KTV房里吞云吐雾,一副好不自在的样子。

**看完演出,讨论**

■如果你是雅正的好朋友,你看到他这样和一群坏朋友玩,你会出言劝说他吗?

■如果你是雅正的家人,你看到他这样,心情会如何?

■如果有人在派对上邀请你抽烟喝酒,你会怎样做?(正、负)

(1)推说还未成年,不能抽烟喝酒,直接拒绝;

(2)推说抽烟很臭,自己一喝酒就醉,宁愿去唱歌,婉言拒绝;

(3)觉得抽烟喝酒都很刺激,试一两次没所谓,接受了;

(4)知道派对有人抽烟喝酒,以后基本不再参加这样的派对;

(5)觉得这些朋友很豪爽,一起抽烟喝酒够潮流,以后继续来玩。

**情景四**

雅正觉得生活很无聊、很苦闷，失去了方向和目标，加上他内心没有防范，在贪玩和好奇心的驱使下，最终沾上了精神类药物——"K粉"。雅正起初以为"索K"（吸食K粉）和吸烟无太大分别，而且以为"索K"不会令身上发出难闻的气味，爸妈、老师们亦不容易发觉，又可在任何地方进行吸食。雅正的朋友就曾经试过在教室里"索K"，由于他坐在最后，只要将"K粉"放在银纸上，然后再放进抽屉里吸食，如果没有人告发他，老师很难发现他的违规行为。（角色：雅正、老师）

雅正（课间时候）低着头，准备在抽屉里"索K"，吸完后整个人昏昏入睡的样子，鼻边还有些白色粉末。

老师（开始上课，走进课室讲课，刚好走到雅正旁边）：雅正，请你回答一下这个问题。

雅正一时间反应不过来，站起来，不知道该说什么。

老师：你做什么了？怎么鼻子那么脏，白白的？

雅正（迅速地抹了一下鼻子，连声说）：没事没事，我肚子疼，坐一下就好。"（接着就坐了下去）

老师看着只能无奈地摇摇头。

G 活动教案分享

### 看完后讨论

■雅正为什么会吸食精神类药物?他在逃避问题或面对着某些压力吗?

■当雅正开始对毒品上瘾,他会怎么做?

(1)尝试用自己的意志力来抗拒毒品;

(2)沉迷于毒品的迷幻中,为筹钱吸毒而不择手段;

(3)自己虽然忍了几天不吸毒,但很不舒服,最终又复吸;

(4)主动向家人、社工寻求帮助,用科学的方法戒毒;

(5)不能自拔,后悔吸毒甚至自残身体来控制毒瘾。

■继续看完雅正最后的结局(连着情景五):

雅正最初只是"浅尝几口",但一段时间后,他已不能自拔。为筹钱购买毒品,他还做起"拆家",甚至偷窃……

**情景五**

雅正吸食"K仔"已有一段时间,他说话渐渐含糊,常常昏睡,记性变差,更因为尿频经常在一节课内上数次洗手间。爸妈虽然发觉他有异样,但他一口否认吸食精神类药物,所以也奈何不了他。不要说影响学业成绩,他连日常社交生活也出现了问题,常常出现幻觉和幻听,情绪也常常出现抑郁和暴躁的情况。"上得山多终遇虎",最后他因贩毒被捕,留下案底,被送往戒毒学校……(角色:雅正)

雅正开始频繁上厕所,见到同学也说话模糊,最终在一次毒品交易中被警察抓到(直接演示出情景,只需用行动大概表现一下结局即可)。

G 活动教案分享

### 讨论

■ 雅正最初为了逃避什么问题而开始反叛？到最后，他的问题得到解决了，还是引起了更多问题？你可以说明一下吗？

■ 总结刚才的正行为和负行为，画出成长生命线，让大家思考，如果雅正重新选择，采取正确的方法，结局会否不同？

（以上情景剧改编自《健康生活全面"体"》教材内容，见http://cd1.edb.hkedcity.net/cd/mce/drugs/index.htm）

## 参考资料二　活动反馈表

为使我们往后举办的活动更能切合大家的需要，现征求大家的意见，请在相应选项上（得分分别为：5分、4分、3分、2分、1分。）打钩。谢谢！

|  | 很同意 | 同意 | 一般 | 不同意 | 很不同意 |
|---|---|---|---|---|---|
| 你满意这次活动的内容 | 5 | 4 | 3 | 2 | 1 |
| 你满意这次活动的形式 | 5 | 4 | 3 | 2 | 1 |
| 你能获得新的知识和想法 | 5 | 4 | 3 | 2 | 1 |
| 你满意活动场地的安排 | 5 | 4 | 3 | 2 | 1 |
| 你满意工作人员的表现 | 5 | 4 | 3 | 2 | 1 |
| 你在活动中有积极参与 | 5 | 4 | 3 | 2 | 1 |

你对本次活动印象最深刻的地方是什么？
_____
_____

你觉得本次活动还有哪些地方可以改善？
_____
_____

你期望以后的活动能有什么内容？
_____

G 活动教案分享

图7.1为社工正在带领同学们玩"指挥拍掌"的热身游戏。

图7.2为同学们在表演"向左走,向右走"的情景剧。

图7.3为社工向同学们介绍各种毒品的危害。

图7.1 社工正在带领同学们玩"指挥拍掌"的热身游戏

图7.2 同学们在表演"向左走,向右走"的情景剧

图7.3 社工向同学们介绍各种毒品的危害

服务接受者分享

## 8.1 你们的付出　我们懂得

　　今天天还没亮我就早早地起了床，因为我很荣幸地被诊所邀请去参加活动。简单地梳洗、精心地打扮一番后，我便匆匆和老公道别出了门，看得出来老公对我现在的改变很是高兴。坐在中巴车上虽然还睡眼蒙眬，内心却格外兴奋，我对今天的活动充满了期待。9时20分，我们一行人全都出发了，这其中包括康复治疗中心的医生和社工，还有我们11个正在门诊接受康复治疗的学员。一路上，大家欢快地交谈着，直奔今天活动的第一站——心理科学研究所，在这里我们进行的第一项活动是"沙盘游戏"。

　　大家千万别误会"沙盘游戏"只是简单地玩玩游戏，其实不是的。在游戏开始前，诊所的社工通过PPT先向我们简短地介绍了一下什么是"沙盘游戏"以及"沙盘游戏"的由来和它的创造者。四四方方的沙盘代表着大地，旁边堆积着各式各样的模型，有人物、动物、房屋等。每一个小小的模型都会表达人的一种心理，也称为一种心理暗示。

　　社工介绍完后，我们所有人抽签决定了各自的编号，游戏便开始了。每轮每一个人只能拿一个模型放在四四方方

H 服务接受者分享

的沙盘中，放的位置可以是直觉中最想放的地方。第一轮下来，我们每个人都摆放了自己最喜爱的也算是最能代表自己的模型。接着第二轮、第三轮我们继续摆放着模型，这样沙盘里的模型越来越多、空间越来越挤。此时，社工引导我们可以选择继续摆放或者不放而只移动别人的模型。我们每一个人都愉悦地享受着游戏所带来的乐趣。

　　而我呢，在第一次选择了一个房屋的模型后，紧接着再放了一男一女两个人物造型，其他组员一看都明白是一对夫妻了。这对夫妻正是代表着我和丈夫。在经历了那么多坎坷和挫折后，我希望改过自新后的我能永远地拥有一个幸福快乐温馨的家，几轮摆放完毕，社工开始很耐心地给我们讲解其中的含义。四四方方的沙盘代表着现在的整个社会，而对于身处这个社会中的我们，每一个人总会遇到坎坷、挫折，人生遭遇起起落落，人与人之间不可避免地存在摩擦，碰撞后各自的心态又会改变。所以说，别看只是一个小小的"沙盘游戏"，却能把每个人的内心世界展现得如此淋漓尽致。然而最让人感到欣慰的是，这个游戏同时也体现了我们每个学员、每个受治者那种积极向上的心态，以前那些痛苦万分、伤感凄凉甚至厌世的心态再也看不到了，看到的就只有我们心中充满着的阳光和激情以及对幸福生活的向往和追求。我们都在努力地改变自己，通过药物治疗和心理治疗的方法，希望能重新燃起做人的信心、对生活的信心。因为我们都知道，只有彻底地摆脱过去，才能拥有美好的明天，我坚信这一点，相信其他组员也都能坚信这一点。

午饭后，我们一行人又出发来到活动的第二站——市戒毒所禁毒教育基地。以前，只要一提戒毒所，就会令人生畏。而现在，我们却不再怕它，我们也可以抬头挺胸坦然地走进去。我们一边参观，一边聆听讲解员的细心讲解。讲解员先从毒品的定义开始，介绍了毒品的种类以及它的制作过程，这时我才深刻地意识到自己对毒品的危害了解甚少，才明白自己当年的行为是多么的愚昧和无知。我感到不寒而栗，深深地吸了一口气，却又为自己今天的改变而感到欣慰。

这次活动饱含了门诊社工和医生对我们这些受治者的良苦用心，我想每个人的心里都会留下深刻的记忆。我只能说，谢谢你们，对我们照顾得无微不至的医生；谢谢你们，对待我们就像亲人一般的诊所全体社工。对此，我会永远铭记。

（深圳温馨社工服务中心督导助理马洪波提供）

H 服务接受者分享

## 8.2 一日游之感悟

前几天，一名社工热情地找我谈话，邀请我参加他们举办的禁毒活动。说真的，当时我也没什么太大兴趣，总觉得我能做些什么呢，无非是老话重提。直到5日到医院服药时，主任再次叫住我，告诉我参加这次活动的康复人员仅有10名，而且是这里的医生一致认为在治疗期间表现得比较好的人员，这至少也算是别人对自己的一种肯定以及信心与动力之源。现在的康复治疗中心就像是一个大家庭，而主任就像我们这些人的家长，所有工作人员对大家的治疗看护，甚至细致到每位病友的心理情绪变化。主任和其他所有医务人员总会鼓励成功接受治疗的人员继续坚持，也会严厉地批评犯错的人但不会弃之不理。在这里我所感受到的不仅仅是医生对患者的关怀，我相信在这里的许多人都有同感。所以，我也实在没理由拒绝这次活动邀请。

不知是因为天气特别好还是突然这么多人一起出游，坐在车上的我心情一下子变得格外轻松。今天的行程分两地，我们10名病友和主任及几名医生、社工一起坐车，先来到一处社工工作室。经一名社工详细讲解之后，我们便开始玩一个多人"沙盘游戏",游戏规则是在一张不算太大的长方形沙盘上,按事先抽签的先后顺序,我们每一位病友轮流,一次拿一样物品,并按自己的思路摆放在沙盘中理想的位置,而一名社工人员则详细记录着我们每次的摆放。一个轮回下来,沙盘上已是七零八落,有了些色彩。开始不熟悉的10个人也在一轮轮游戏中开始了简单的交流。游戏共进行了4轮,结束后,沙盘上呈现出10份在每个人眼里都不同的世界,这时游戏好像才真正进入主题。每个人轮流阐述自己每一次摆放的物品、位置、目的和当时的想法,直到最后一位讲解完,10个并不相熟的人的性格似乎都呈现在了这小小的沙盘上,彼此好像都有了大概的认识。气氛也随着游戏的展开变得轻松热闹起来,由开始的轮流发言,到后来大家意犹未尽地你一言我一语,并时时发出一阵笑声。原来这小小的沙盘包含着这么多的哲理,能读懂人的心理,真是"小沙盘,大学问"。上午的

H 服务接受者分享

活动就这样在一片欢声笑语中愉快地结束了。

从工作室大楼出来已经是正午，主任带着我们一行人边走边说来到一家茶餐厅。平时这个时间在家我是吃不下饭的，可能心情不错，再加上这么多人一起吃饭，一下食欲大增，忍不住还是敲了主任一顿了，呵呵。

吃完饭大家轧了会儿马路，心情也格外轻松，上车之后直开到了深圳市戒毒所。下车后由早已等候的工作人员引领我们走进了大楼，直到走进一个像艺术展馆一样的长廊。不过，这里展示的可不是艺术品，不管是文字、图片还是实物，介绍的都是毒品的种类和演变，加上工作人员细致的讲解，眼前熟悉而陌生的图片都给我留下了深刻的印象。特别是那几幅模拟人像，真实地展现了沾染毒品后人的丑态和窘境。自以为已经饱受其害的我应该是了解它的，殊不知随着时代的进步和发展，毒品衍生出来的各种新形态和新种类，已远远超出了我的认识范围。对此我并不抱什么好奇心，了解它们是为了让自己学会保护和约束自己，毕竟生命只有一次。走出这个展廊，今天的活动行程圆满结束了。但晚上回想起来，今天一天的行程，既充实又大有收获。我对治疗中心的所有工作人员和"禁毒办"的社工们的感激之情，千言万语难以表达，只好让时间来印证自己的努力了。

（深圳温馨社工服务中心督导助理马洪波提供）

## 8.3 总结

毒品对人类社会造成的危害，可以说罄竹难书。毒品不仅摧毁吸毒者个人的一切，而且还会殃及其家庭和社会，甚至祸延后代，使"伤害"不断跨代重演。因此，作为禁毒工作领域的一分子，社工应对吸毒问题有更多认识，并掌握更多禁毒工作的概念、知识、手法及技巧，以便在协助吸毒人士戒除毒瘾、重获新生时取得更大成效。我们热切期望这份禁毒工作手册能成为禁毒社工的一份基本入门参考资料，由此激发他们的潜能、坚定他们的信念、丰富他们的知识、伴随他们在专业工作上不断成长，最终为有需要的社会人士提供优良的服务！

# 附录

## 附录一　常见毒品介绍

### 毒品分类

目前的毒品分类,大致包括如下方式。

#### 1. 来源分类

■ 天然毒品:鸦片(见图1)、吗啡(见图2)、海洛因(见图3)、可待因、可卡因等;

■ 工业毒品:苯丙胺、利他林等。

#### 2. 医学分类

■ 镇静类毒品:鸦片、吗啡、海洛因、可待因等;

■ 中枢兴奋类毒品:可卡因、苯丙胺等;

■ 致幻剂类毒品:K粉、二甲色胺等。

#### 3. 时代分类

■ 传统毒品:流行几百年的如鸦片类、可卡因类;

■ 新型毒品:冰毒等兴奋剂、K粉等致幻剂、摇头丸等兴奋与致幻兼有剂、笑气等中枢抑制剂。

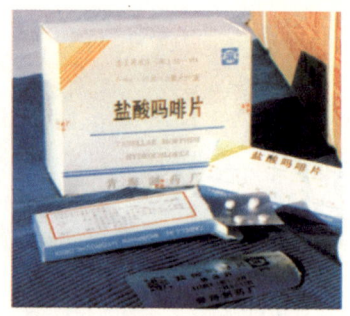

图1 鸦片（opium）　　　　图2 吗啡（morphine）

## 各类常见毒品的影响

### 1. 鸦片类毒品(optiates/opioids)的影响

鸦片又名"阿片"，俗称"大烟"，在唐朝传入我国。通常被用于提炼海洛因（heroin），俗称"白粉"。根据纯度不同，海洛因又可分出"2号"、"3号"、"4号"（见图3）。这类毒品的危害由其本身、内含的杂质以及其中的一种使用方法——静脉注射造成，此类毒品的其他使用方法还包括鼻吸及皮下注射。

图3 海洛因（heroin，俗称"白粉"）

■中毒效应：

（1）毒品产生的作用因人而异。据以往的记录，其对神经心理造成的效应包括开始时的一阵欣快感，随后即变得冷淡、烦躁不安，心理及行为变得焦躁或迟钝，判断力失准。

（2）身体方面效应包括瞳孔收缩或扩张（后者因严重过量服药而缺氧所致），说话含糊，专注力或记忆力受损，昏睡甚至陷入昏迷等情况。

■常见的戒断反应包括：流鼻涕，流泪，毛发竖起，恶心及呕吐，腹泻，肌肉疼痛，骨痛及失眠。

■不良后果：对身体造成的不良后果包括：

（1）食欲不振，恶心及呕吐，体重下降，呼吸压抑和便秘，鸦片类毒品可形成依赖性。

（2）由静脉注射引发的身体上的不良反应。静脉注射，尤其是共享针筒，是引发病症的主要原因。用毒者可能会患上蜂窝组织炎、脓疮、血管发炎、血栓及肌炎。较严重的并发症包括肝炎、心内膜炎、艾滋病以及因呼吸压抑或血管栓塞而导致的猝死。

## 2. 迷幻剂（hallucinogens）的影响

迷幻剂是指一些能令人产生幻觉的毒品。较常见的一种迷幻剂为俗称"Fing霸"、"黑芝麻"或"邮票"的麦角酸二乙胺（LSD）（见图4）。使用方式多为口服。

■LSD的中毒效应：中毒效应因人而异。在神经心理上，用毒者可能感到欣快、精力倍增及感觉的敏感度增加。

■其对神经心理造成的不良效应可包括：抑郁，焦虑，感觉被影射，害怕自己精神失常，有被迫害的感觉，判断力失准，对音乐及声音过度在意和过度敏感，人格解体，非真实感，幻觉，错觉，联觉。

■身体上的中毒效应可以有很多，其中包括：瞳孔扩张，血压上升，心搏过速，体温上升，出汗，心悸，恶心及呕吐，视力模糊，震颤，动作不协调，肌肉抽搐，痉挛。

■戒断反应：没有相关记录。

附录

图4 麦角酸二乙胺（LSD，俗称"Fing霸"，"黑芝麻"）、魔菇（magic mushroom）、苯环利定/苯环已哌啶（phencyclidine, PCP）

■LSD对神经心理造成的不良后果：不良后果因人而异。有些人会有若干不良后果，包括减少动力、性格转变、长期处于焦虑及抑郁状态、妄想、幻觉、精神紊乱、自毁行为、回闪现象。长期吸食可产生耐药性，并可能引致类似精神分裂的状态。

■LSD对身体造成的不良后果：曾有滥用LSD后导致半身不遂的病例。这可能是毒品令血管收缩所致。

### 3. 大麻类物质（cannabinoids）的影响

大麻（marijuana, cannabis，"草"、"牛牛"、"火麻"）是由一种名为 Cannabis sativa 的植物的叶、茎和花混合制成的，可以有多种不同使用方法。最常见的吸食方法是使用卷烟、烟斗或水烟筒。在西方国家被称为"hashish"或"hash"的大麻，则是由从雌性大麻花中提取的一种树脂般的胶状物制成的，比前者毒性高。

■中毒效应：中毒效应因人而异。在神经心理上的中毒效应可包括：欣快感，松弛，似在沉思，对感觉的敏感度增加，觉得原本沉闷的工作变得有趣，缓慢，对时间的感觉扭曲，疲倦，困倦，但偶然有些人会失眠。

■对神经心理造成的不良效应：焦虑，判断力失准，社交退缩，难于跟随思路，服用大剂量或在敏感者身上会出现惊恐发作。

■在身体上出现的中毒效应包括：眼红，运动神经失去协调，食欲增加，口干，心搏过速。

■在抽大麻的第一个小时内，心肌梗塞的机会比平时高4倍。

# 附录

■戒断反应：每天吸食大麻的人士会出现戒断症状。症状的严重程度与吸食的频密程度、个人对大麻的敏感度有关。下述症状可在停止使用后持续1~6周：缺乏喜悦，焦虑，急躁，头痛，失眠，浑身不适，食欲不振，心瘾（渴求），感觉苦闷，愤怒。

■对神经心理造成的不良后果：尽管文献记载了许多种吸食大麻后的症状，但这些并非在每个大麻使用者身上都会出现。这些症状包括集中力、记忆和学习能力受损以及思绪混乱及抑郁。严重的不良反应包括失忆、妄想反应、幻觉、人格解体、动机缺乏综合征、惊恐发作、精神分裂及类似痴呆的状态。现已证明，大麻能引发潜在的精神障碍或并发精神障碍恶化，大多数使用大麻者会形成依赖性。

■对身体造成的不良后果：文献记录的吸食大麻对身体造成的不良后果有很多，大致可归入以下几类：呼吸系统——慢性咳嗽、支气管炎；肺气肿；气胸、免疫系统受损；癌症——唇、口腔、咽、喉、气管、支气管及肺等的癌症；心血管方面——右心脏病及肺循环血压过高；生殖方面：睾丸酮（男性荷尔蒙）、精子数量减少，精子游动能力减弱；女性的生殖周期受干扰，胎儿出生体重严重不足。

■大麻与其他毒品的相互作用：大麻能够抑制酒精急性中毒导致的呕吐，所以能令人酒精中毒更深；同时，吸食大麻与可卡因，大麻会导致鼻黏膜血管舒张，从而减少可卡因引致的血管收缩效应，令可卡因更易于吸收。

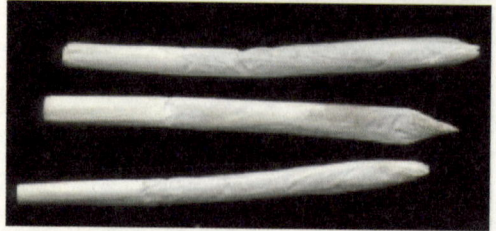

图5　大麻

### 4. 兴奋剂(stimulants)的影响

通常被滥用的两种兴奋剂是甲基苯丙胺（methamphetamine，俗称"冰毒"）及可卡因（cocaine，俗称"coke"、"可乐"、"可可精"）和其游离碱克赖克（crack，俗称"霹雳"）。

● 甲基苯丙胺（methamphetamine，"冰毒"）

"冰毒"呈粉状或晶体状（图6），通常以过滤方法吸食。图7为冰毒的吸食工具。

图6　冰毒

图7　冰毒的吸食工具

■中毒效应："冰毒"的作用因人而异。

据过往记录，对神经心理造成的效应包括：焦虑、欣快感觉、高度警惕、紧张、愤怒、失眠、判断力失准、惊恐、妄想状态、精神病、攻击性行为、自毁行为。

■中毒期间在身体上的不良效应包括：心搏过速、瞳孔扩张、血压上升、出汗、恶心及呕吐、心理及行为上变得焦躁、胸口痛、瞳孔扩张。

严重的反应可包括：心肌梗塞、心律不正常、恶性高血压、心脏衰竭、中风、癫痫。

■戒断反应：据以往记录，戒断反应有：抑郁、暴躁、焦虑、激动不安、渴求（心瘾）、疲劳、睡眠过多、食欲过盛、缺乏精力、对事物失去兴趣、有自杀念头。

■对神经心理造成的不良后果：某些人可能会形成被迫害妄想状态及精神病。长期使用者通常会产生依赖性。

附录

■对身体造成的不良反应：身体对毒品的反应因人而异。据以往记录，不良反应包括体重下降及营养不良、疲劳、动作刻板、运动障碍及舞蹈症，更严重的反应包括大脑血管炎及心肌病。

● 可卡因（cocaine）

可卡因的主要使用方法为鼻吸、注射及抽吸其游离碱［克赖克（crack），俗称"霹雳"］。

■中毒效应：可卡因的作用因人而异。

据以往记录，中毒期间对神经心理造成的效应包括：激动、欣快感、精力倍增、失眠、急躁、焦虑、恐惧、不安、不耐烦、攻击性行为、惊恐发作。

■严重的反应包括谵妄及急性精神病。

■对身体造成的不良后果：可卡因导致的身体中毒效应。

（1）中枢神经系统：头痛、中风、短暂性神经系统缺损、蛛网膜下出血、癫痫、中毒性脑病、昏迷。

（2）呼吸系统：肺水肿、呼吸停顿、"克赖克肺"（发热、肺浸润、支气管收缩、嗜曙红细胞增多）、气胸、纵隔积气。

（3）心血管系统：高血压、主动脉夹层分离、心律不正常、休克、猝死、心肌炎、心肌梗塞、其他器官缺血。

（4）新陈代谢：体温上升、横纹肌溶解、肾衰竭、凝血异常、乳酸性酸中毒。

■戒断反应：

中止定期使用会导致一系列令人不适的戒断症状，其中包括：渴求（心瘾）、妄想狂、饥饿、有自杀念头、急躁、失去性欲、冷淡、失眠或嗜睡、抑郁。

■对神经心理造成不良后果。据以往记录，在神经心理上的不良后果包括：不安与不耐烦、失眠、焦虑、体重下降、过度兴奋、类似精神分裂症的精神病、妄想狂、依赖风险、急躁。

■对身体造成不良后果。过往曾记录对身体造成的不良后果，大致可归入以下几类：

（1）生殖/新生儿方面：自然流产、胎盘早期脱离、胎盘前置、胎儿生长迟缓、"克赖克"新生儿综合征（症状包括急躁、震颤、喂食困难、高或低肌张、过强的反射作用）、大脑梗塞坏死。

（2）感染——由注射引起的传染病，包括人体免疫缺陷病毒（HIV）感染、艾滋病（AIDS）、乙型肝炎及心内膜炎。因长期鼻吸可卡因而引起的额窦炎及脑脓肿。

（3）其他——鼻黏膜萎缩、鼻中隔坏死及穿孔。

● 可卡因与其他毒品的相互作用

吸食可卡因（见图8）的人会利用酒精来增强可卡因带来的欣快感。有趣的是，据称有吸食者会使用同样的组合，以酒精来抵消可卡因导致的失眠和暴躁（图9为可卡因吸食工具）。

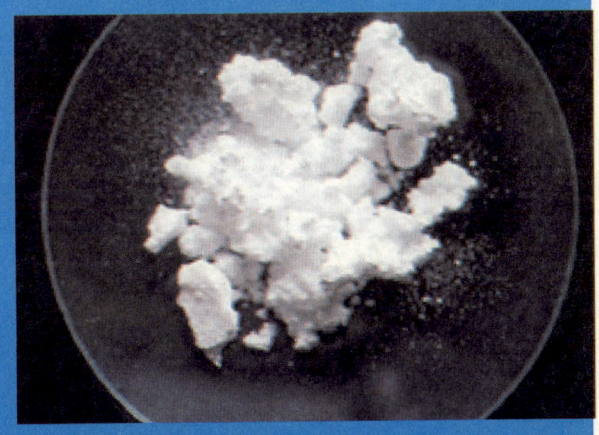

图8　可卡因

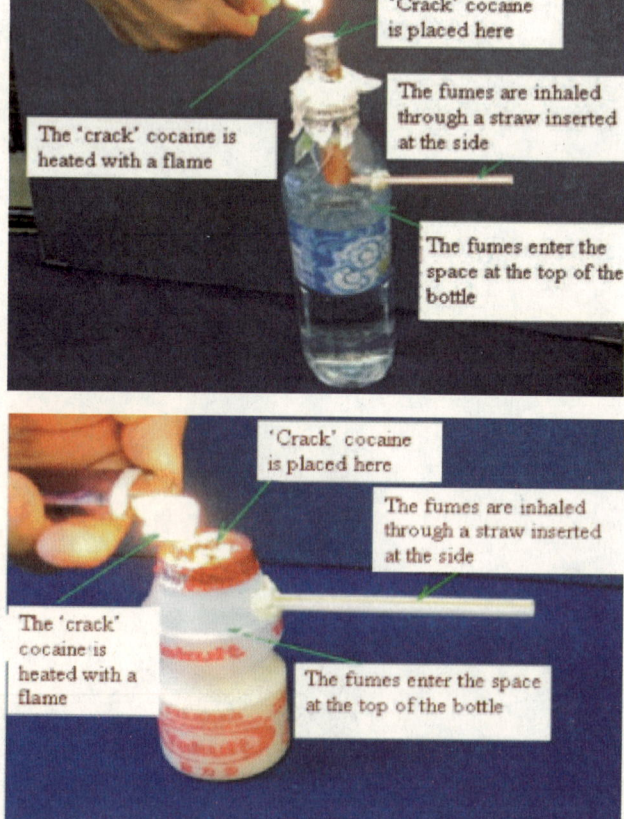

图9 可卡因吸食工具

## 5. 镇静催眠药（sedatives-hypnotics）的影响

属镇静催眠药的毒品主要有4类，包括苯二氮卓类（benzodiazepines）、巴比士酸盐（barbiturates）、咪唑并吡啶（imidazopyridines）/环吡咯酮（cyclopyrrolone）及甲喹酮（methaqualone，"安眠酮"，"忽得"）。

### ● 苯二氮卓类（benzodiazepines）

常被滥用的苯二氮卓类药物有不少，例如：地西泮（Valium，俗称"安定"、"罗氏五号"、"罗氏十号"）、氟硝西泮（Rohypnol，俗称"氟硝安定"、"十字架"）、咪达唑仑（Dormicum，俗称"速眠安"、"蓝精灵"）、氯氮卓（Librium，俗称"利眠宁"、"绿豆仔"）、硝基安定（Mogadon，俗称"睡觉帮"、"笑哈哈"）、三唑仑（Halcion，俗称"白瓜子"、"蓝精灵"）、硝甲西泮（俗称"五仔"、"Give me five"）、"舒乐安定"、溴西泮（Lexotan）、氯硝西泮（Rivotril，"氯硝安定"）、氯甲西泮（Loramet）、劳拉西泮（Ativan/Loran）及氟西泮（Dalmane）。

■中毒效应：吸毒者对苯二氮卓类会有不同的反应。据以往的记录，其对神经心理上的反应包括情绪不稳定、判断力失准及不适当的性行为或攻击性行为；身体上的中毒效应包括镇静、定向障碍、说话含糊、协调缺失、眼球震颤、低血压及低体温。这时发生意外的几率亦会大增。在严重的情况下，使用者可能会呼吸压抑、窒息、休克甚至昏迷。

■戒断反应：在轻微的情况下，苯二氮卓类药物的戒断反应与焦虑状态非常相似：震颤、专注力受损、焦虑、记忆力衰退、抑郁、食欲不振、不安、耳鸣、疲劳、头痛、心悸、肌肉疼痛、血压上升。

严重的戒断反应包括妄想、失去知觉及痉挛。

对神经心理造成的不良后果：用毒者可能会患上失忆。苯二氮卓类形成依赖的风险很高，半衰期短的则更高，如"Halcion"及"Dormicum"等。

附录

● 巴比士酸盐（barbiturates）

临床上，巴比士酸盐是早期使用的镇静催眠药，其后才出现相对安全的苯二氮卓类。巴比士酸盐也用于治疗癫痫症及麻醉的前引药。根据毒品半衰期的长短，巴比士酸盐可分为以下几类：超短期药力的有硫喷妥及甲己炔巴比妥；短期药力的有戊巴比妥及速可巴比妥；中期药力的有异戊巴比妥、阿波巴比妥及仲丁巴比妥；长期药力的则有苯巴比妥及甲苯比妥。最常被滥用的巴比士酸盐属于短期药力的一类（戊巴比妥及速可巴比妥）。"白粉"里常掺杂有巴比士酸盐，以致吸毒者戒断更为困难。而长期把巴比士酸盐用作镇静催眠，很容易越用剂量越大，并更迅速地形成耐药性。

■中毒效应：毒品产生的作用因人而异。在轻微中毒的情况下可能会出现镇静、定向障碍、说话含糊、协调缺失、眼球震颤。严重时可能会出现低体温、低血压、呼吸压抑、窒息、休克及昏迷。

■戒断反应：戒断反应与苯二氮卓类相似，但出现痉挛的风险更高，尤其是短期药力的巴比士酸盐的戒断反应。

对神经心理造成的不良反应：据以往记录，此类药物对神经心理造成的不良反应包括耐药性、毒品依赖、失去抑制力、失忆、抑郁以及自杀或准自杀。

■与其他毒品的相互作用：巴比士酸盐会影响γ-氨基丁酸（GABA）系统，形成对其他镇静毒品（包括酒精及苯二氮卓类）的交叉耐药性，从而增加过量服药，便有致命的危险。

● 咪唑并吡啶（imidazopyridines）/环吡咯酮（cyclopyrolone）

这类毒品包括唑吡呾（Stilnox，俗称"思诺施"，见图10）及佐匹克隆（Imovane，俗称"白瓜子"，见图10），属于苯二氮卓类以外用于治疗失眠的药物。

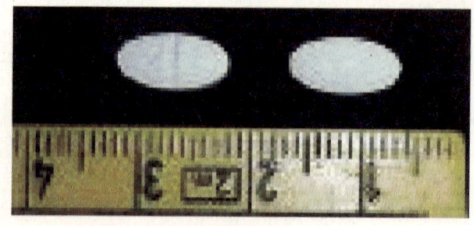

图10 佐匹克隆及唑吡呾

# 附录

唑吡呾（Stilnox）是一种迅速起作用、短药效的咪唑并吡啶（imidazopyridine），不属于危险毒品。它主要代替苯二氮卓类而被用作催眠剂，其催眠作用能因酒精而加强，就像一些短期药力的苯二氮卓类（如三唑仑），其对酗酒及滥药者所起的作用会增强。唑吡呾造成的不良效应包括记忆力与精神运动性功能受损、精神病发作及谵妄。近年来，这类药品的滥用、依赖及急性服药过量的案例不断增加。

佐匹克隆（Imovane）是环吡咯酮的一种。虽然它与巴比士酸盐及苯二氮卓类的化学成分不同，但有相同的药理作用。据以往记录，佐匹克隆造成的不良效应包括口部感到苦涩、口干、激动不安、记忆力受损、早上难以醒来、心悸、日间镇静、精神运动障碍、恶心、攻击性、梦魇、幻觉、头痛。

国内外过量服用此药致死的案例均在不断上升，有资料显示，佐匹克隆会形成耐药性、戒断反应及毒品依赖。

据以往记录，对佐匹克隆的戒断反应包括：失眠、疲倦、震颤、焦虑、肌肉抽搐、食欲不振、出汗、不安、心悸、急躁、头痛、集中力差、渴求（心瘾）、对声音敏感、肌肉疼痛、痉挛、麻木、谵妄。

● 甲喹酮（methaqualone）

甲喹酮（见图11）是一种非巴比士酸盐、非苯二氮卓类的镇静催眠药。20世纪70年代流行的"忽得"（Mandrax，"安眠酮"）就含有甲喹酮和抗组织胺。目前，甲喹酮被发现掺杂于"Fing头丸"中。甲喹酮可以被吞服或注射入体内。它的中毒效应包括欣快感、抑郁、腱反射压抑、说话含糊、协调缺失，严重时甚至会昏迷。由于这类药品会产生依赖性，戒断反应又颇为严重，因此不再被用于临床治疗。甲喹酮被滥用是因为它带来感觉分离的"兴奋"感及未被证实的催情作用。

附录

■ 镇静催眠药与其他毒品的相互作用：镇静催眠药是一种中枢神经镇抑剂，与其他镇抑剂（如酒精、鸦片类毒品及GHB）一同使用时，会产生交叉耐药性。用药者在驾驶及操控机械时容易犯错误。其影响包括反应变慢、专注力及警惕性降低。混合使用上述药品，很可能会导致交通意外、火灾、失足等事故。在对身体影响方面，用药者较容易出现呼吸受压抑、窒息、昏迷及死亡的情况。此外，滥用兴奋剂（如"冰"、可卡因）的人还可能使用镇静催眠药来舒缓焦虑和失眠等症状。

图11　甲喹酮

### 6. 挥发性溶剂（volatile solvents）的影响

溶剂、胶水、白电油、清洁剂、天拿水（见图12）及丁烷均属此类挥发性溶剂。滥用的方法视溶剂而定，可包括从盛载溶剂的瓶口或罐口吸入、用浸染的布料或装有溶剂的胶袋盖嘴或以喷雾方式吸入。

 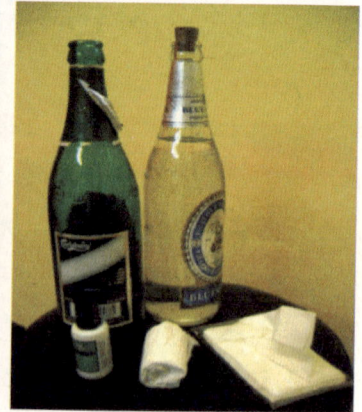

图12 天拿水

■中毒效应：挥发性溶剂产生的作用因人而异。据有关记录，挥发性溶剂对神经心理造成的效应包括急躁、欣快感觉、说话含糊、犹豫不决、失去抑制、幻觉及定向障碍。

■对身体造成的不良反应包括：动作不协调、容易发生意外、腹痛、昏迷、恶心及呕吐、心律不正常、视力模糊、心脏停顿、胸口痛、吸入胃的倒流物、呼吸困难、窒息、耳鸣、死亡。

■戒断反应：戒断反应的症状会因溶剂的种类、使用剂量及使用时间的长短而有所不同。典型的戒断症状包括：震颤、急躁、焦虑、抑郁、癫痫、失眠、肌肉抽筋、针刺感麻木。

曾有记录显示，在甲苯的戒断期间，用药者有近似震颤性谵妄的反应出现。

■对神经心理造成不良反应：有些人会感到精神紧张及抑郁，也出现过对此药品依赖性的报告。

■对身体造成的不良反应：据记录，挥发性溶剂对身体造成的不良反应包括头痛、食欲不振、皮肤病、恶心、呕吐甚至吐血以及神经中毒反应，如周围神经病变、小脑功能受损、脑炎及痴呆症。挥发性溶剂也被证明可损害肝脏、肾脏、心脏、肺、骨髓及肾上腺。

## 7. 其他新型毒品

### ●止咳水

止咳水含有可待因（codeine，属鸦片类）、麻黄素或假麻黄素（兴奋剂）及抗组织胺，是一种常见的被滥用成药。可待因的止痛效力只有吗啡的两成，临床用来止咳及止泻。麻黄素是一种天然的兴奋剂，一些中成药含有这一成分，它能直接在α、β－肾上腺素受体上产生作用，并刺激去甲肾上腺素的释放，相对于安非他明（苯丙胺），它对中枢神经系统的影响较小。假麻黄素是麻黄素的右旋同分异构物，对α－肾上腺素受体有相似的作用，但对β－肾上腺素受体的作用则较轻。

■中毒效应：止咳水产生的作用因人而异。根据记录，其对人的神经心理造成的影响包括：焦虑、幻觉、急躁、冲动、情绪不稳定、精神紊乱、多疑、攻击性行为、妄想。

根据记录，止咳水对身体的影响主要包括心搏过速、血压上升、体温上升、出汗、胸口痛、晕眩及头痛，严重反应包括癫痫、中风、心肌梗塞、心律不正常及死亡。

■戒断反应：长期服用咳药水可引致戒断反应，包括疲倦、失眠、抑郁、乏力、对事物失去兴趣及产生自杀念头。

■对神经心理造成的不良反应：曾有记录显示，止咳水可引致精神病和毒品依赖。

■对身体造成的不良反应：常见不良后果有口腔牙齿疾病及便秘。

● 止咳丸

止咳丸是止咳水的另一种选择，其主要成分有可待因、右甲玛南（dextromethorphan、"黄豆仔"、"O仔"）、麻黄素/假麻黄素、扑尔敏及罂粟碱。其中的右甲玛南属鸦片类，在大剂量使用的情况下，它的作用与苯环利定（phencyclidine）和氯胺酮（ketamine）相似，会阻碍N-去甲基-D-天门冬氨酸（NMDA）受体的活动。罂粟碱则是一种血管扩张剂，它没有临床用途。以往曾经有一种名为"Romilar"的纯右甲吗南药丸，但现已被混合上述成分的药丸所代替，如"花点"。

■ 中毒效应：止咳丸的中毒效应因人而异。

曾有记录的神经心理效应包括欣快感、似梦一般富有创意的感觉、敏感度增加的知觉、对时间异常的感觉、飘飘然及像灵魂出窍般的感觉。有些使用者称能体会到他人的情感，也有使用者称能感到与他人隔离或被孤立的感觉，其对神经心理造成的不良影响包括：焦虑、惊恐、妄想、急躁、幻觉、情绪不稳定、冲动、多疑、精神紊乱、触觉及皮肤感觉异常、走路像机器人、定向障碍、攻击性行为。

■ 身体反应：晕眩、血压不稳定、腹部抽筋、恶心及呕吐、体温上升、瞳孔扩张、难以达致性高潮、昏睡、出汗、心搏过速、胸口痛、出疹、身体痕痒。

■ 戒断反应：据记录，此类药物的戒断反应与鸦片类相似，包括流眼水、鼻塞、起鸡皮疙瘩、肌肉抽搐、对痛楚感觉增加、恶心、焦虑及抑郁。

■ 对神经心理的不良反应：此类药物对神经心理造成的不良反应包括精神紧张、抑郁、记忆与语言能力受损以及长时间持续脱离现实世界。还可导致药物依赖。有些使用

附录

者更称有宿醉状态,特征包括昏睡、困倦、动机丧失、轻微的感官分离感觉、肌肉僵硬、肌肉抽搐(特别是颚和手的部位)、晕眩、不能平衡、头痛、怕光、味觉骤减或口腔感到咸味。

■ 对身体造成的不良反应:滥用止咳丸可导致恶心、腹部抽筋及便秘。

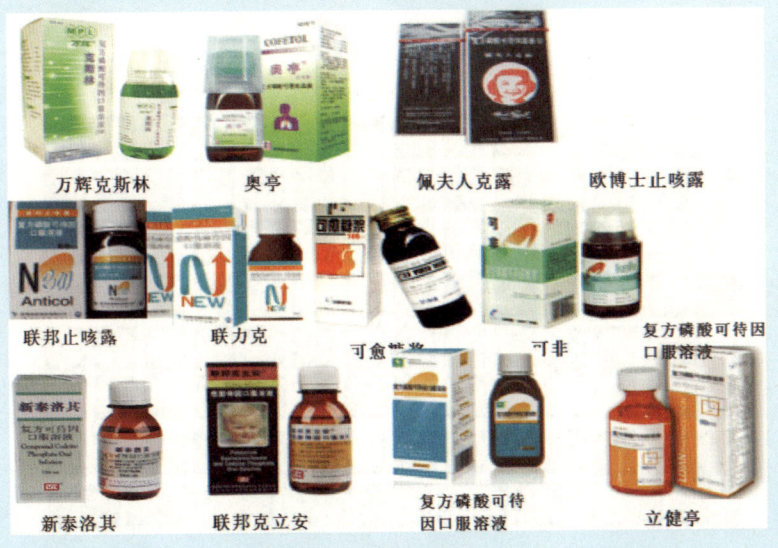

图13　各种新型毒品

### 8. 摇头丸(MDMA)的影响

摇头丸，亚甲二氧基甲基安非他明（MDMA）（见图14），亦称为"Ecstasy"、"Adam"、"XTC"、"Fing头丸"、"忘我"、"狂喜"、"E仔"，通常会掺杂其他活跃神经成分，如3,4-亚甲基双氧安非他命（MDA）、甲基安非他明及安非他明。在摇头丸的制作过程中，经常会混入各种各样的其他物质，这些往往会对使用者造成无法估计的后果。

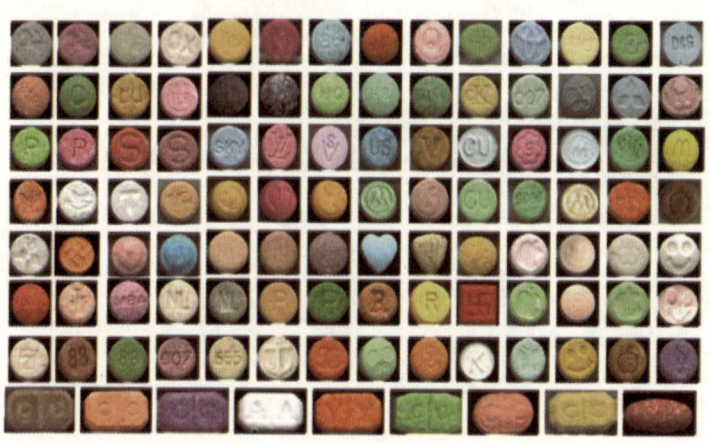

图14 摇头丸（亚甲二氧基甲基安非他明）

## 附录

■中毒效应：对MDMA的反应因人而异。据记录，其对神经心理的影响包括感觉与其他人关系密切、增加同理心与欣快感、对感官的意识增加、攻击性减低。其他影响包括防御感减少、对情绪的敏感度增加及对时间有变异的感觉。神经心理上的不良症状包括：焦虑、精神紊乱、失去抑制、妄想型精神病、知觉扭曲、对需动脑筋的工作失去兴趣及能力、性欲增加，但达致兴奋及高潮的能力降低、过量饮水而引致低血钠症。

据记录，中毒期间的身体反应主要包括：磨牙、震颤、牙关紧锁、起鸡皮疙瘩、食欲不振、体温上升或下降、出汗、血压转变、脱水、心跳加速、潮红。

严重的反应包括：心律不正常、凝血异常、急性肾衰竭、肝脏中毒、神经中毒、脑内出血、横纹肌溶解、死亡、弥散性血管内凝血。

■戒断反应：尚未有任何戒断反应的记录。

■对神经心理造成的不良反应：抑郁、昏睡、焦虑、惊恐、突发攻击性行为、精神病、记忆力障碍、专注力受损、回闪现象。

MDMA的宿醉状态包括下列症状：抑郁情绪、乏力感、困倦、疲劳、缺乏动力。

■毒品的相互作用：同时使用MDMA与右甲玛南可导致血清素综合征，症状包括肌肉抽搐、肠胃毛病、精神紊乱、激动不安、动作不协调、发抖、发热及出汗。

相关记录显示，在LSD引致的幻觉消失后再使用MDMA，幻觉会再次出现；MDMA与"魔菇"一并使用时，亦产生类似的情况。

使用抗抑郁药5-羟色胺再摄取抑制剂（SSRI）的人士对MDMA的反应会减弱；而使用抗抑郁药单胺氧化酶抑制剂（MAOI）的人则应绝对避免使用MDMA，因为会导致高血压，甚致死亡。

要注意，由于每个人的身体及心理状态不同，有些人较易在混合使用毒品后产生不良反应。

## 9. K粉、氯胺酮（ketamine）的影响

K粉、氯胺酮（见图15）俗称"K仔"、"K"或"茄"，主要是兽医及儿科手术医生使用的麻醉剂。"K仔"呈粉末状，通常是从鼻孔吸入，"K丸"则是口服的。

 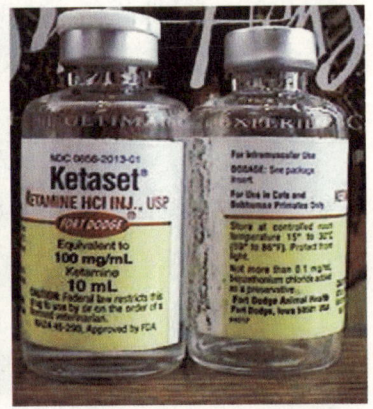

图15　氯胺酮（ketamine、"K仔"）

■ 中毒效应：氯胺酮所产生的影响因人而异。据记录，其对神经心理上的影响注意表现在：情绪高涨，被迫害妄想，焦虑，幻觉，失眠，专注力及学习能力受损，镇定，非常逼真的梦境，心灵麻木，谵妄，像灵魂出窍的意识分离，

暴力，对身体、环境及时间的知觉扭曲，自杀，错觉，紧张性木僵（K-hole），感觉飘飘然，濒死体验。

据记录，其可能造成的身体反应包括：心跳加速、说话含糊、高血压、颅内压上升、恶心及呕吐、眼内压上升、涎液过多、乏力、麻木、协调缺失、动作不协调、痛觉缺失。

■戒断反应：氯胺酮戒断通常会出现的反应包括疲倦、急躁、难以安睡及抑郁。

其对神经心理造成的不良反应包括认知能力、决策功能、记忆力、专注力及学习能力受损。氯胺酮使用者有较多不确定的脑神经病症，尤其在运动神经协调及感觉神经整合方面。通常出现的精神病症表现形式包括分裂型症状、类精神分裂症、知觉扭曲及回闪现象，氯胺酮可形成毒品依赖。

［资料来源：香港保安局禁毒处《甄别及评估滥用多种药物者程序手册》（第2版）。］

## 附录二  社工个案工作常用手法与技巧

### 1. 尊重个案

社工应以尊重个案的心态及言谈与个案接触，使他们感到自己受到社工尊重，此举会增加个案对社工的信任，从而愿意接受服务并予以合作。

### 2. 客观地了解个案的背景及其个人和家庭资料

社工应从各方面获取上述资料，以便有效地掌握个案问题的关键所在，从而做出辅导计划及行动。

（1）从与个案的谈话或其个人以往的资料着手。

（2）从与个案的家人谈话或其家人的资料着手。

（3）从与其他人的一些谈话及信息着手。

### 3. 当接触个案时，个案是处于什么境况，我们便从该境况开始展开我们的辅导工作（start where the client is.）

社工不应不自觉地先预设要使个案达到什么标准，然后才为个案提供服务或开展辅导工作。社工应多站在个案的立场上体会个案的问题进而开展辅导工作。

#### 4. 尽量引导个案说话

社工应尽量引导个案说出自己的困难与感受，从而在更多地了解个案问题的基础上，更有效地协助个案解决困难。

#### 5. 耐心聆听

社工应耐心聆听个案说话，并展现出很乐意聆听个案倾诉的姿态，如此个案才会乐于向社工表达。

#### 6. 有技巧地引出个案的问题

有时个案不会或不愿意直接说出他的问题，因此社工应采用专业技巧引导个案说出自己的问题及关键信息。

#### 7. 有技巧地让个案承认问题

如社工要确定个案此刻是否有吸毒行为等，以引导个案承认和直面问题。

#### 8. 解决问题

在个案承认问题后，社工便可对其开展辅导工作，并与个案一起制订计划，以协助他解决问题。

#### 9. 以个案为中心（client-centred）

社工应理解个案的处境及困难，并更多地从个案的角度考虑问题，以个案的意愿及利益为出发点，这样整个辅导过程将更容易被个案所接纳。

### 10. 从简单到复杂，从容易到困难

社工应遵循从简单到复杂、从容易到困难的原则，引导个案作出改变。从简单、容易做到的改变开始，逐渐提升个案对改变的信心和恒心，从而达到最终或最大限度的改变，其实就是禁毒社工工作领域所强调的"减低伤害"概念与方法（harm reduction concept & approach）。

### 11. 称赞个案的点滴成就

在适当的时候，社工应对个案点滴的积极改变及成就加以赞赏，以示鼓励。我们应该谨记的是，没有人不喜欢被别人赞赏，我们的个案也不会例外，适当的赞赏，或许能激发个案作出更大努力，甚至可能导致个案不可思议的改变。

### 12. 找出个案的"重要他人"

社工应该明白的一个简单道理是，每一个人包括吸毒者，都更容易受自认为是自己"重要他人"的言词或教导的影响，只不过当事人一般都不会将其爱听或愿意接受什么人的意见明确表达出来而已。个案的"重要他人"，有可能是其父母、配偶、兄弟、同学、朋友，也可能是某老师或他

人。当能识别个案的这个"重要他人"时，社工便可利用这一资源，促成个案心态及行为的改变。

### 13. 鼓励个案树立失败重来的信念

戒毒是一项极其困难和艰辛的事情，绝非一次努力便可成功。因此，社工应该让个案明白，出现戒毒后"复吸"现象，不仅不意味其走向了绝境或末路，更不是其自暴自弃的理由。相反，不幸复吸应该是再次戒毒的开始，而戒毒→复吸→再戒→成功，通常是戒毒的必由之路。同时，社工更应明白，对于如此艰辛的事情，我们怎么可能期望一位沉溺毒海的吸毒者，一次戒毒便可成功呢？而怀抱直面困难和反复失败（屡屡未见个案康复成果）而绝不气馁的心理，对于禁毒社工而言是极其重要的。事实已经告诉了我们，对于辅导吸毒者戒毒而言，失败是常态，成功则可能只是特例。

### 14. 多对个案说一些关怀性话语和非言语（身体动作或眼神）的肯定与支持

一句对个案亲切而由衷的问候——"今天冷不冷"、"你来这里有没有困难"，一个令人温暖的微笑，一个关怀和谅解的眼神，一个轻拍肩膀的动作，……都可能给个案带来莫大的鼓舞和信心。通常，信心可能改变一切！

## 附录三　学校禁毒工作指引

不同学校对禁毒活动的需求是有所不同的。为满足学校对专业化的禁毒服务的需求，社工需就学校的情况制订具有针对性的禁毒工作方案。

### 1. 三层预防策略

Joseph认为，应该从基层预防工作、中层预防工作及深层预防工作三个层次入手，为学校建立预防学生滥用药物的安全防范机制。目前，这一个三层预防策略已经被广泛应用于学校禁毒工作领域（A.D.Joseph，1995）。

基层预防工作是预防精神科毒品在校内出现和蔓延的一种全方位的介入手法。旨在校内建设健康的成长环境和无毒校园的基层预防工作，不仅应将在校学生视为介入对象，而且还将促进老师、学校社工和学校管理层的广泛参与，视为其中的一个重要环节。提高老师、管理者的危机意识，使学生认识毒品的危害性并对其保持高度警觉，促使学校政策制定者制定学校禁毒原则和程序，建立学生吸食毒品处理指引和预案，是基层预防工作的主要任务。经验表明，制订年度禁毒计划以确定全年禁毒活动内容，面向不同级别、不同需求的学生，有针对性地开展校园禁毒宣教帮扶活动，是一项行之有效的措施。

中层预防工作则指尽早辨识和介入特定对象，如校内高危学生及偶尔吸食毒品的学生，向他们提供专业化的禁毒社工服务。作为前线人员的老师和学校社工，平时应多留意学生是否有滥药征兆，以便及早辨识介入对象。经验证明，经常以小组形式介入有需要的学生，是中层预防工作的主要手段。其基本目标是，通过吸引青少年参与活动和技能训练，协助学生树立健康的生活理念，消除负面行为。中层预防工作以历奇训练、Hip Hop舞蹈、短片拍摄及音乐训练等为活动形式，旨在促使学生在学习技能之余，了解吸毒对自己的负面影响，及早停止吸食毒品。

深层预防工作的宗旨是防止吸毒情况恶化，减少吸毒引发的问题。除为已染毒瘾的学生提供禁毒服务外，深层预防

## 附录

工作更以预防吸毒行为在校内扩展为重点。恰当的危机介入程序、辅导和惩处，是开展深层预防工作的必要条件。深层预防工作主要是为有需要的学生提供个案辅导，制订合适的戒毒或治疗计划。而跨专业合作、转介学生到医疗机构评估和治疗、与警方沟通，防止坏分子在校内贩卖及分享毒品，是深层预防工作的基本内容。

降低标签效应。在校内，吸食毒品不仅始终是一个敏感话题，而且更是一个直接影响学校声誉和学生成长的负面标签。因而社工在提供相关服务时，务必在对相关信息实行严格保密的前提下，谨慎安排介入计划。正确的观念是，校园内出现吸食行为，并非意味着学校或学生有问题，它只是青少年成长过程中的一种危机。只要做到及时介入、恰当处理，这种成长危机是完全可能被转化为学生的成长机会的。以积极的、正面的方式，如健康校园、成长小组等活动介入和表达，而不是简单地、粗暴地对这一负面行为施以惩戒，以提升学生的投入度和参与度，是深层预防工作的根本立场。

## 2. 介入特色

（1）学校禁毒工作介入手法。

**学校禁毒工作介入手法**

| 手法<br>项目 | 介 入 手 法 | | |
| --- | --- | --- | --- |
| | 基层预防工作 | 中层预防工作 | 深层预防工作 |
| 目的 | ● 预防初次吸食<br>● 发展健康生活模式<br>● 强化自我形象<br>● 提供支持环境<br>● 建立无毒校园、健康校园气氛 | ● 尽早介入吸食精神科毒品问题<br>● 停止吸食<br>● 树立健康生活理念，消除负面行为 | ● 防止吸毒情况恶化<br>● 减少因吸毒引发的问题<br>● 减少吸食情况 |
| 对象 | 未曾吸食毒品的学生 | 高危学生及偶尔吸食毒品者 | 已染毒瘾者 |
| 范畴 | ● 学生<br>● 班主任及各科老师 | ● 高危吸食组群<br>● 个人<br>● 班主任及各科老师 | 家人、个人 |
| 内容 | ● 介绍毒品知识<br>● 提升禁毒危机意识<br>● 提升个人处理情绪、面对朋辈压力等能力<br>● 提高个人对药物的警觉性 | ● 介绍毒品知识<br>● 辨识危机处境<br>● 生活技能培训<br>● 提供自我实践机会<br>● 自信心建立<br>● 扩展社交圈 | ● 介绍戒毒资源<br>● 转介至其他戒毒机构<br>● 照顾及辅导<br>● 预防复吸<br>● 取得家人支持 |

续上表

| 手法<br>项目 | 介入手法 | | |
|---|---|---|---|
| | 基层预防工作 | 中层预防工作 | 深层预防工作 |
| 服务内容（学生） | ● 入校讲座、工作坊<br>● 生活技能训练<br>● 拒绝技巧训练<br>● 社区教育活动 | ● 小组辅导、个案辅导<br>● 提高对毒品的警觉性<br>● 拒绝技巧训练<br>● 戒毒辅导 | ● 提供戒毒治疗服务，协助其重寻生活方向<br>● 转介入院戒毒<br>● 转介医院机构戒毒 |
| 服务内容（老师） | 合作制订全年预防吸食毒品计划 | ● 提升老师辨识吸毒学生能力<br>● 筹划恰当纪律行动 | ● 提供转介及求助途径<br>● 避免将服务对象标签化<br>● 协调警方介入<br>● 预防问题扩散 |
| 政策重点 | 不要开始 | 及早停止 | 求助有门 |

（2）创意活动。创意活动就是切合青少年思维活跃、想象丰富、创造力强等成长性特征，鼓励青少年从自身立场和实际出发，融合自己的所思所感，独立自主地思考禁毒问题，并以不同方式表达出来，以引起青少年共鸣，消解他们对吸毒问题的内心挣扎。通过训练、构思、完成工作的过程及表现，使参与者提升其满足感并促进其自我价值的实现，是创意活动的根本目的。

## 附录四　深圳市社工督导人员工作职责手册

### （试行）
### 深圳市社会工作者协会

## 第一章　总　则

第一条　为完善我市社会工作督导人才管理和培育机制，根据市委、市政府《关于加强社会工作人才队伍建设，推进社会工作发展的意见》，结合我市实际，对原《深圳市社工督导人员工作职责规定》重新修订，制定该办法。

第二条　督导是指由资深社会工作者通过定期持续的工作程序，向新入职社工传授专业服务知识与技能，促进其成长并确保服务质量的职业活动，具有行政、教育、疏导以及支持的功能。

我市本土督导人才队伍包括督导、督导助理两个级别的社会工作者，其中督导又分为高级督导、中级督导、初级督导。试点阶段，在督导助理向初级督导晋升的过程中，选取部分优秀督导助理担任见习督导。

附录

## 第二章 行业协会职责

第三条 受市社工主管部门的委托和授权，对本土督导人员的职责范围、选拔晋升办法、评估考核制度等规范进行拟订和发布。

第四条 对本土督导人员在资格认定、履职情况、违纪处罚等方面享有监督和处理权。

第五条 在必要时代表机构与督导，向政府及相关单位反映和协调相关事项，对行业内相关主体之间存在的纠纷，依申请或主动进行相应的调查处理和规劝协调。

## 第三章 机构职责

第六条 各社工机构应配合市社工主管部门和深圳市社会工作者协会（以下简称"市社协"）积极创造条件，重视对督导人才的培养和管理服务。具体如下：

（1）根据该职责办法及市社协所颁布的本土督导人才选拔办法的相关规定，结合本机构实际情况，制定机构内督导人员选拔办法及职责、评估制度，并报送市社协审核。本机构内部督导人员的选拔应坚持公开、公平、公正原则。

（2）积极配合市社协所委派的香港督导或顾问的工作，充分利用其专业优势，完善本机构内部督导制度。

（3）保证本机构内督导人员有足够的时间、空间发挥其督导功能，积累专业督导经验和能力。

（4）在本机构内，赋予本土督导人员相应的行政权力（如团队内考核评估权、政策建议权、人事任免建议权等），以利于其工作开展。

## 第四章　督导职责

第七条　在试点阶段，督导人员具体包括初级督导、见习督导。其中，初级督导原则上需取得社会工作师资格（社工试点阶段可放宽至助理社会工作师），从见习督导中经过考试差额淘汰产生。见习督导需取得助理社工师或以上职业资格，具有至少1年以上一线社工工作经验（社会工作专业）或2年以上社工工作经验（社工相关专业），从我市在岗督导助理中选拔产生。具体选拔方式请参照市社协相关通知。

第八条　本土督导（该处仅指见习督导、初级督导）原则上按照1名本土督导：14名社工（包括督导助理）标准操作。各机构可根据具体情况，予以适当调整。特别情况，机构需与市社协另行商定。

第九条　督导（试点阶段包括见习督导及初级督导）对市社协负有以下职责：

（1）负有政策建议和倡导的职责，按照市社协要求定期递交工作或政策建议报告等；

（2）积极参与市社协所组建的督导人员组织、政策研究、培训及其他相关活动等。

第十条 督导对机构负有以下职责：

（1）参与机构服务质量评估，在机构专业服务推广及决策方面给予建议；

（2）及时对团队的问题和情况进行总结及建议，调整服务方案，优化服务结构，促进服务效果提升；

（3）配合机构人事部门，对团队内督导助理、一线社工的工作进行绩效考核、评估等，对团队内社工招聘、选拔、培养、调岗、辞退等给予机构专业建议；

（4）协助机构，对团队内社工工作程序、服务质量以及职业操守进行监督。

第十一条 督导（包括见习督导、初级督导）对上级督导人员（试点阶段包括香港督导、见习督导小组顾问）的职责：

（1）完成上级督导或顾问为其制订的个人成长方案；

（2）将发展中所存在问题进行反馈，探讨解决方案并予以跟进；

（3）按照规定，每月接受上级督导个人督导及集体督导，具体可由上级督导根据市社协要求确定；

（4）配合完成其他促进行业交流与发展的协调性工作。

第十二条 督导对督导助理负有以下职责：

（1）培养督导助理督导能力，包括指导、制定并跟踪落实督导助理个人成长方案，协助其完善年度工作计划等；

（2）给予其适当的情绪支持等；

（3）定期对督导助理进行个人面见督导和小组督导，跟进督导助理所转介的疑难个案、小组或其他实务工作等；

（4）根据督导助理的实际发展阶段，适当安排其独立开展对一线社工的督导工作，提升其督导能力；

（5）指导督导助理制订本督导团队年度服务推行计划，并予以落实；

（6）及时处理督导助理反馈的有关一线社工、服务推行等相关情况，并与上级部门及时沟通，做好上传下达工作。

第十三条 督导对一线社工负有以下职责：

（1）负责所带领团队的业务方向的整体规划，监督并规范其所负责领域的工作程序及社工的职业操守等；

（2）给予社工业务指导：按照专业督导程序，定期召开社工个人面见督导及团队督导会议，审阅、批复一线社工服务情况，并按时完成督导记录；

（3）提升团队社工自身业务能力，策划并组织实施各类形式的培训等；

（4）带领团队发掘、联络相关社会资源，拓展新的服务项目；

（5）协调机构、用人单位、社工、行业协会等相关部门之间的关系，以促使服务的有效开展。

第十四条 为保证本土督导人才的督导能力，处于见习期的见习督导应根据见习督导小组顾问要求，落实顾问对其进行的培养规划，也应保持适量实务工作，具体遵守以下原则：

（1）见习督导实务工作仅指以见习督导为主或单独完成，直接针对服务对象所开展的社工服务（服务记录上社工姓名应为见习督导本人）；

（2）见习督导每月可有10节（半天）左右一线实务工作时间，具体由见习督导与其督导顾问根据团队具体情况予以明确；

（3）自上岗至2010年12月之前，至少需完成疑难个案（4次面谈以上）2个以上，治疗性小组（每个小组4节以上，即半天以上）1个以上或其他类小组（每个小组4节以上，即半天以上）2个以上，活动（包括新拓展的服务项目）1个以上，且均需有完整的服务记录；

（4）针对各领域服务开展情况不同，可对以上指标进行适当调试，其中小组指标和个案指标之间可互相换算，具体由带领其督导顾问确定。

## 第五章　督导助理职责

第十五条　督导助理须取得助理社工师或以上职业资格，具有半年或以上社工工作经验，从我市优秀社工中选拔产生。具体可参见《深圳市社会工作者督导助理选拔与聘用办法》。

第十六条　按照1名督导助理、6名一线社工比例配备。具体可参见《深圳市社会工作者督导助理选拔与聘用办法》。

第十七条　督导助理接受上层督导的业务指导，其具体工作职责由上级督导予以确定，在团队中原则上承担以下职责：

（1）在督导指导下，落实完成个人成长方案；

（2）在督导指导下，完善本小组的年度工作计划，推进服务开展及其他协调性工作；

（3）协助督导规范团队内的工作程序及分工，监督社工的职业操守，帮助团队社工对岗位分工、职责、工作范围等有清晰的了解；

（4）协助督导落实完成各类理论、实操技巧的培训等；

（5）在督导指导下，对一线社工进行实务操作上的指导，跟进一线社工转介的疑难个案、小组等，并可适时适量独立开展对社工单独督导；

（6）协助督导，对一线社工的工作进行绩效考核和评估；

（7）对一线社工给予适当情绪支持，引导新员工尽快适应工作等；

（8）协助督导，收集、整理一线社工的服务记录及其他工作报告，按时递交给督导，督促本组社工落实见习督导的审批、反馈意见，配合机构完成本组社工的考勤及督促、考核每日工作完成情况，及时提交给督导审核；

（9）定期向督导进行工作汇报，反馈团队发展中的问题，并予以跟进落实；

（10）在完成督导助理岗位上的工作内容之外，还需承担其小组中一线社工80%以上的平均指标量。

## 第六章　附　则

第十八条　本土督导人员选拔、评估办法将由市社协另行拟定。

第十九条　本规定由市社协负责解释。

## 附录五　成长困惑之"向左走，向右走"

（PPT演示参考）

---

班会主题：成长困惑之"向左走，向右走"

---

向左？向右？

你听什么？先来个小游戏，看你们会不会听，会不会"社工说"。

规则：社工会发出指令，只有当指令前有"社工说"的时候，才需要按指令做，不然就维持原状。

---

听得清楚吗？那看得怎样？
我们再试一下"指挥拍掌"

规则：当社工双手手心相对的时候，大家就一直拍掌；当社工双手叉开时，就停止拍掌（我们的约定：嗒嗒——嗒嗒嗒）。

---

OK，热身完毕！

这节班会就让我们一起去听，一起去看，一起说说我们的成长吧！

准备好了吗？请跟我来！

附录

| 有困惑，是因为不知道。那你知道成长都有哪些东西吗？ | 身体健康，经常参加体育锻炼，生活习惯良好，没有不良嗜好。 | 心理健康，能够适当控制自己的情绪，思维敏捷（拥有独立人格）。 | 有较强的适应能力，人际交往正常。 |
| --- | --- | --- | --- |
| | 智力水平正常，学习能力较强。 | 拥有较明确的人生目标和信仰。 | 良好的生活和学习环境。 |

| 我们的人生，想不想拥有……？<br><br>*展示给学生一张别墅风景图片，用来代表美好的生活（或其他内容的图片，只要能代表比较正面或好的即可）。 | 那么，你有没想过我们想拥有的会变成……？<br><br>*展示破坏的图片，用来代表美好生活被毁坏。 |
| --- | --- |

请认真思考一下，是什么破坏了我们的成长生活？

接下来，让我们看个真实的故事！
故事主角：雅正，初中生
故事内容：雅正从小学六年级升上初中以来一系列的变化

各位观众请注意：
请认真观赏，并为剧中的主角想一想，他有其他的选择吗？

### 情景一

雅正是一名小学六年级学生。他上一学年的考试成绩一般。因为他是独生子，父母对他的期望很高，所以一直督促他努力读书。

附录

此时，你认为雅正可以怎样做？

A1. 认真听课，向老师和同学请教学习的方法；
A2. 因为父母要求，强迫自己每天复习多1小时；
A3. 找比较好的朋友一起温习功课，相互鼓励；
A4. 开始有厌学情绪，上课就是为了等下课；
A5. 和父母、老师说明难处，请辅导老师、社工帮忙；
A6. 害怕面对，不管成绩好坏，能避则避。
哪些是较好（正）的应对方法，哪些是不好（负）的？

如果你是雅正？你会怎么做？
请看看雅正的选择：

刚开始，他很听话。六年级开学后的第一个月，他的确很努力读书。但之后，他渐渐松懈下来，成绩一落千丈，而且越来越觉得读书没用，爸妈的唠叨令他很讨厌。这个时候，他的行为也开始反叛起来，包括说谎话、顶嘴……

接下来……

### 情景二

雅正终于升入初一了。他父母仍然没有放弃鼓励他继续努力读书，但他都当成耳边风。他根本就不想读书，但没有获得家人支持，因此与家人的关系日趋恶劣，自己也越来越反叛了。

这所中学的留级制度把雅正与其他顽劣反叛的同学聚在了一起，大家"志趣相投"。放学后是他们的"快乐时光"，他们一起在街上游荡、到球场踢球，总之不愿早早回家！

你认为雅正可以怎样选择？

B1. 让家人明白自己不想读书的原因，商讨解决问题的方法；
B2. 不管那么多，和自己班的朋友玩得开心就好；
B3. 认为家人整天就会指责自己，不喜欢自己，自暴自弃；
B4. 寻求社工和大家的支持，重拾对读书的信心和兴趣；

你觉得，在雅正心目中，是家人重要些还是朋友重要些？为什么？

### 情景三

雅正和朋友最爱踢球，但踢多了也感到厌烦。于是便开始唱K、在网吧流连。没多久他们就认识了一群吸烟、饮酒、吸毒的朋友，雅正整天与他们一起玩。每逢节日，数十人浩浩荡荡地结伴出去玩。大家没什么好做，便尝试吸烟、饮酒……

## 附录

如果你是雅正的好朋友，当你看到他和一群不良朋友一起玩，你会出言劝说他吗？

如果你是雅正的家人，你看到他这样，心情会如何？

如果有人在派对上邀请你抽烟喝酒，你会怎样做？

C1. 推说还未成年，不能抽烟喝酒，直接拒绝；

C2. 推说抽烟很臭，自己一喝酒就醉，宁愿去唱歌，婉言拒绝；

C3. 觉得抽烟喝酒都很刺激，试一两次无所谓，接受了；

C4. 知道派对有人抽烟喝酒，以后基本不再参加这样的派对；

C5. 觉得这些朋友很豪爽，一起抽烟喝酒够潮流，以后继续来玩。

**情景四**

雅正觉得生活很无聊很苦闷，失去了方向和目标，加上他内心没有防范，在贪玩和好奇心的驱使下，最终沾上了精神科毒品——"K粉"。起初，雅正以为"索K"和吸烟没太大差别，而且以为"索K"不会令身上发出难闻的气味，爸妈、老师们亦不容易发觉，又可在任何地方吸食。雅正的朋友就曾经试过在教室里"索K"，由于他坐在最后排，只要将"K粉"放在银纸上，然后再放进抽屉里吸食，如果没有人告发他，老师很难发现他的违规行为。

雅正为什么会吸食毒品？他在逃避问题或面对着某些压力吗？你认为雅正如果对毒品上瘾，可以怎样做？

D1. 尝试用自己的意志力来抗拒毒品；
D2. 沉迷于毒品的迷幻中，为筹钱吸毒而不择手段；
D3. 自己虽然忍了几天不吸毒，但很不舒服，最终又复吸；
D4. 主动向家人、社工寻求帮助，用科学的方法戒毒；
D5. 不能自拔，后悔吸毒甚至自残身体来控制毒瘾；

结局是：

雅正最初只是浅尝辄止，但一段时间后他已不能自拔。为筹钱购买毒品，他还做起"拆家"，甚至偷窃。他说话渐渐含糊，常常昏睡，记性又差，更因为尿频经常在一节课堂里上数次洗手间。不要说影响学业成绩，连他的日常社交生活也出现了问题，常常出现幻觉和幻听，情绪也常常出现抑郁和暴躁的情况。"上得山多终遇虎"，最终他因贩毒被捕，留下案底，被送往戒毒学校……

附录

这样的故事结局,我们都不想看到。那么请想想——

1. 雅正最初为了逃避什么问题而开始反叛?到最后,他的问题得到了解决吗?还是引起更多的问题?可以说明一下吗?
2. 请思考如果雅正重新选择,采取了正确的方法,结局会否不同?

成长,向左?向右?
请再看看我们的选择,你的成长路上,是向左走,还是向右走?

盲目追赶新鲜刺激　家庭压力　沟通　促进成长
　　　　　　　　　　积极态度
无所事事　自暴自弃　心理压力　　　常怀希望
　　　　　　逃避　　　努力　坚毅忍耐
抽烟、喝酒
沾染恶习　误交损友　宽恕接纳　寻求支持
　　　　　　　　　强迫　　感恩　承担责任
破坏成长　吸毒滥用药物　学习压力
　　　　　　　沉迷娱乐　　　合理减压
　　　　　　　　　人际压力

永远记住:选择权,在你手上。
你有压力,我也有压力,压力当前,不要逃避。
当受到不良诱惑时,请认清它们的真面目。

下表为毒品名称、俗称及危害。

| 名　称 | 俗称 | 危　害 |
|---|---|---|
| 氯胺酮 | K仔、K粉茄 | ●说话含糊<br>●镇静、催眠、止痛<br>●引起幻觉、昏睡<br>●抑郁<br>●长期记忆力衰退及认知能力受损<br>●行动机能受损<br>●呼吸／心脏机能受损<br>●形成耐药性和生理心理依赖 |
| 咳药 | 止咳水、高甸、啰啰挛 | ●失忆<br>●神志不清<br>●压抑呼吸<br>●头痛<br>●冒冷汗<br>●中毒性精神病 |

续上表

| 名　称 | 俗称 | 危　害 |
|---|---|---|
| 亚甲二氧基甲基安非他命（MDMA） | 摇头丸、忘我、狂喜、E仔 | ● 导致运动过度，肌肉衰弱及因体温过高而痉挛及晕倒<br>●失眠<br>●导致惶恐不安的感觉<br>●因呼吸系统衰竭而引致死亡<br>●抑郁及精神错乱<br>●破坏神经细胞 |
| 甲基安非他命 | 冰毒 | ●烦躁不安、喋喋不休<br>●出汗、胸口痛、发热<br>●惊惶及精神紊乱<br>●永久性失眠<br>●焦虑及紧张<br>●心跳加速及不规律<br>●产生幻觉及被迫害感而引致暴力 |
| 可卡因 | 可卡因 可可精 | ●食欲减低<br>●爱说话或作个人静思<br>●异常欢欣的感觉<br>●强烈的自信和驾驭感觉<br>●焦虑甚至惊惶<br>●血管收缩、心跳及血压上升 |

续上表

| 名　称 | 俗称 | 危　害 |
|---|---|---|
| 大麻 | 草 | ●变得更松弛和举止迟钝<br>●集中力减弱，记忆力及判断力受损<br>●失去平衡力，在站立时尤甚<br>●食欲增加，喉咙干，眼睛变红及昏睡<br>●紧张、激动及脾气暴躁<br>●支气管炎、结膜炎、内分泌紊乱<br>●抑郁及对别人极度怀疑 |
| 三唑仑 | 蓝精灵、白瓜子 | ●成瘾、昏睡<br>●抑郁、眩晕<br>●敌意<br>●动作不协调<br>●胎儿不正常<br>●认知及神经肌运动功能受损 |
| 海洛因 | 白粉、粉、四仔、美金、港纸 | ●成瘾、昏睡<br>●恶心干呕<br>●月经失调、减少性冲动<br>●压抑呼吸<br>●断瘾症状：流眼水、流鼻水、打哈欠、食欲不振、出汗、皮肤湿冷、四肢剧痛及痉挛、肠胃不适 |

附录

如果这些"毒"杀过来，我们可以这样拒绝：

●语气坚定，眼望对方，直接说"不"。例如说"我是不会试这些东西的"

●**找**借口尽快离开现场，例如"我不舒服，想回家休息"，"我（有要紧事，约了妈妈、朋友）有事做，先走啦"

●转换话题

●反问对方"你不知道吸食危害精神的毒品对健康不好吗？"

●想一个更好的建议，例如"嘿，你这些东西有什么好试的，不如踢球（打篮球、唱K、打游戏机）好啦"

●与同学互相支援，并坚持不去尝试

●运用环境或群众压力令对方放弃，例如"不是在这儿吸毒吧"

●先冷静下来，思考吸食危害精神的毒品的后果，并想象一下自己的父母和朋友将会有何反应

●若再受到引诱的话，便坚决地表示宁可少交一个朋友

有听、有看、有讲，快乐的时光总是过得那么快……
接近尾声，问一下大家这堂课留下的最深刻印象是什么，有没有比你想更深入了解的内容？

请大家填写手上的反馈表，然后交给我们，我们会根据大家的意见，设计更好的内容提供给你们，谢谢！

最后要说的是，如果你或者你的朋友也遇到了像雅正那样的问题，你也可以寻求社工的协助，社工乐意成为支持你的好伙伴！

社工联系方式
虎门禁毒社工：
社工姓名：　　　　　QQ：
社工姓名：　　　　　QQ：
地址：××××××
办公电话：××××××
学校社工：×××

谢谢观赏

（PPT由虎门禁毒社工冯宛宁、刘啸啸提供）

## 附录六　中华人民共和国禁毒法

（全国人民代表大会常务委员会）

### 第一章　总　则

第一条　为了预防和惩治毒品违法犯罪行为，保护公民身心健康，维护社会秩序，制定本法。

第二条　本法所称毒品，是指鸦片、海洛因、甲基苯丙胺（冰毒）、吗啡、大麻、可卡因，以及国家规定管制的其他能够使人形成瘾癖的麻醉药品和精神药品。

根据医疗、教学、科研的需要，依法可以生产、经营、使用、储存、运输麻醉药品和精神药品。

第三条　禁毒是全社会的共同责任。国家机关、社会团体、企业事业单位以及其他组织和公民，应当依照本法和有关法律的规定，履行禁毒职责或者义务。

第四条　禁毒工作实行预防为主，综合治理，禁种、禁制、禁贩、禁吸并举的方针。

禁毒工作实行政府统一领导，有关部门各负其责，社会广泛参与的工作机制。

第五条　国务院设立国家禁毒委员会，负责组织、协调、指导全国的禁毒工作。

县级以上地方各级人民政府根据禁毒工作的需要，可以设立禁毒委员会，负责组织、协调、指导本行政区域内的禁毒工作。

第六条　县级以上各级人民政府应当将禁毒工作纳入国民经济和社会发展规划，并将禁毒经费列入本级财政预算。

第七条　国家鼓励对禁毒工作的社会捐赠，并依法给予税收优惠。

第八条　国家鼓励开展禁毒科学技术研究，推广先进的缉毒技术、装备和戒毒方法。

第九条　国家鼓励公民举报毒品违法犯罪行为。各级人民政府和有关部门应当对举报人予以保护，对举报有功人员以及在禁毒工作中有突出贡献的单位和个人，给予表彰和奖励。

第十条　国家鼓励志愿人员参与禁毒宣传教育和戒毒社会服务工作。地方各级人民政府应当对志愿人员进行指导、培训，并提供必要的工作条件。

附录

## 第二章 禁毒宣传教育

第十一条 国家采取各种形式开展全民禁毒宣传教育，普及毒品预防知识，增强公民的禁毒意识，提高公民自觉抵制毒品的能力。

国家鼓励公民、组织开展公益性的禁毒宣传活动。

第十二条 各级人民政府应当经常组织开展多种形式的禁毒宣传教育。

工会、共产主义青年团、妇女联合会应当结合各自工作对象的特点，组织开展禁毒宣传教育。

第十三条 教育行政部门、学校应当将禁毒知识纳入教育、教学内容，对学生进行禁毒宣传教育。公安机关、司法行政部门和卫生行政部门应当予以协助。

第十四条 新闻、出版、文化、广播、电影、电视等有关单位，应当有针对性地面向社会进行禁毒宣传教育。

第十五条 飞机场、火车站、长途汽车站、码头以及旅店、娱乐场所等公共场所的经营者、管理者，负责本场所的禁毒宣传教育，落实禁毒防范措施，预防毒品违法犯罪行为在本场所内发生。

第十六条 国家机关、社会团体、企业事业单位以及其他组织，应当加强对本单位人员的禁毒宣传教育。

第十七条　居民委员会、村民委员会应当协助人民政府以及公安机关等部门，加强禁毒宣传教育，落实禁毒防范措施。

第十八条　未成年人的父母或者其他监护人应当对未成年人进行毒品危害的教育，防止其吸食、注射毒品或者进行其他毒品违法犯罪活动。

## 第三章　毒品管制

第十九条　国家对麻醉药品药用原植物种植实行管制。禁止非法种植罂粟、古柯植物、大麻植物以及国家规定管制的可以用于提炼加工毒品的其他原植物。禁止走私或者非法买卖、运输、携带、持有未经灭活的毒品原植物种子或者幼苗。

地方各级人民政府发现非法种植毒品原植物的，应当立即采取措施予以制止、铲除。村民委员会、居民委员会发现非法种植毒品原植物的，应当及时予以制止、铲除，并向当地公安机关报告。

第二十条　国家确定的麻醉药品药用原植物种植企业，

附录

必须按照国家有关规定种植麻醉药品药用原植物。

国家确定的麻醉药品药用原植物种植企业的提取加工场所,以及国家设立的麻醉药品储存仓库,列为国家重点警戒目标。

未经许可,擅自进入国家确定的麻醉药品药用原植物种植企业的提取加工场所或者国家设立的麻醉药品储存仓库等警戒区域的,由警戒人员责令其立即离开;拒不离开的,强行带离现场。

第二十一条　国家对麻醉药品和精神药品实行管制,对麻醉药品和精神药品的实验研究、生产、经营、使用、储存、运输实行许可和查验制度。

国家对易制毒化学品的生产、经营、购买、运输实行许可制度。

禁止非法生产、买卖、运输、储存、提供、持有、使用麻醉药品、精神药品和易制毒化学品。

第二十二条　国家对麻醉药品、精神药品和易制毒化学品的进口、出口实行许可制度。国务院有关部门应当按照规定的职责,对进口、出口麻醉药品、精神药品和易制毒化学品依法进行管理。禁止走私麻醉药品、精神药品和易制毒化学品。

第二十三条　发生麻醉药品、精神药品和易制毒化学品被盗、被抢、丢失或者其他流入非法渠道的情形，案发单位应当立即采取必要的控制措施，并立即向公安机关报告，同时依照规定向有关主管部门报告。

公安机关接到报告后，或者有证据证明麻醉药品、精神药品和易制毒化学品可能流入非法渠道的，应当及时开展调查，并可以对相关单位采取必要的控制措施。药品监督管理部门、卫生行政部门以及其他有关部门应当配合公安机关开展工作。

第二十四条　禁止非法传授麻醉药品、精神药品和易制毒化学品的制造方法。公安机关接到举报或者发现非法传授麻醉药品、精神药品和易制毒化学品制造方法的，应当及时依法查处。

第二十五条　麻醉药品、精神药品和易制毒化学品管理的具体办法，由国务院规定。

第二十六条　公安机关根据查缉毒品的需要，可以在边境地区、交通要道、口岸以及飞机场、火车站、长途汽车站、码头对来往人员、物品、货物以及交通工具进行毒品和易制毒化学品检查，民航、铁路、交通部门应当予以配合。

海关应当依法加强对进出口岸的人员、物品、货物和运输工具的检查,防止走私毒品和易制毒化学品。

邮政企业应当依法加强对邮件的检查,防止邮寄毒品和非法邮寄易制毒化学品。

第二十七条　娱乐场所应当建立巡查制度,发现娱乐场所内有毒品违法犯罪活动的,应当立即向公安机关报告。

第二十八条　对依法查获的毒品,吸食、注射毒品的用具,毒品违法犯罪的非法所得及其收益,以及直接用于实施毒品违法犯罪行为的本人所有的工具、设备、资金,应当收缴,依照规定处理。

第二十九条　反洗钱行政主管部门应当依法加强对可疑毒品犯罪资金的监测。反洗钱行政主管部门和其他依法负有反洗钱监督管理职责的部门、机构发现涉嫌毒品犯罪的资金流动情况,应当及时向侦查机关报告,并配合侦查机关做好侦查、调查工作。

第三十条　国家建立健全毒品监测和禁毒信息系统,开展毒品监测和禁毒信息的收集、分析、使用、交流工作。

## 第四章 戒毒措施

**第三十一条** 国家采取各种措施帮助吸毒人员戒除毒瘾，教育和挽救吸毒人员。

吸毒成瘾人员应当进行戒毒治疗。

吸毒成瘾的认定办法，由国务院卫生行政部门、药品监督管理部门、公安部门规定。

**第三十二条** 公安机关可以对涉嫌吸毒的人员进行必要的检测，被检测人员应当予以配合；对拒绝接受检测的，经县级以上人民政府公安机关或者其派出机构负责人批准，可以强制检测。

公安机关应当对吸毒人员进行登记。

**第三十三条** 对吸毒成瘾人员，公安机关可以责令其接受社区戒毒，同时通知吸毒人员户籍所在地或者现居住地的城市街道办事处、乡镇人民政府。社区戒毒的期限为三年。

戒毒人员应当在户籍所在地接受社区戒毒；在户籍所在地以外的现居住地有固定住所的，可以在现居住地接受社区戒毒。

**第三十四条** 城市街道办事处、乡镇人民政府负责社区戒毒工作。城市街道办事处、乡镇人民政府可以指定有关基

# 附录

层组织，根据戒毒人员本人和家庭情况，与戒毒人员签订社区戒毒协议，落实有针对性的社区戒毒措施。公安机关和司法行政、卫生行政、民政等部门应当对社区戒毒工作提供指导和协助。

城市街道办事处、乡镇人民政府，以及县级人民政府劳动行政部门对无职业且缺乏就业能力的戒毒人员，应当提供必要的职业技能培训、就业指导和就业援助。

第三十五条 接受社区戒毒的戒毒人员应当遵守法律、法规，自觉履行社区戒毒协议，并根据公安机关的要求，定期接受检测。

对违反社区戒毒协议的戒毒人员，参与社区戒毒的工作人员应当进行批评、教育；对严重违反社区戒毒协议或者在社区戒毒期间又吸食、注射毒品的，应当及时向公安机关报告。

第三十六条 吸毒人员可以自行到具有戒毒治疗资质的医疗机构接受戒毒治疗。

设置戒毒医疗机构或者医疗机构从事戒毒治疗业务的，应当符合国务院卫生行政部门规定的条件，报所在地的省、自治区、直辖市人民政府卫生行政部门批准，并报同级公安机关备案。戒毒治疗应当遵守国务院卫生行政部门制定的戒毒治疗规范，接受卫生行政部门的监督检查。

戒毒治疗不得以营利为目的。戒毒治疗的药品、医疗器械和治疗方法不得做广告。戒毒治疗收取费用的，应当按照省、自治区、直辖市人民政府价格主管部门会同卫生行政部门制定的收费标准执行。

第三十七条 医疗机构根据戒毒治疗的需要，可以对接受戒毒治疗的戒毒人员进行身体和所携带物品的检查；对在治疗期间有人身危险的，可以采取必要的临时保护性约束措施。

发现接受戒毒治疗的戒毒人员在治疗期间吸食、注射毒品的，医疗机构应当及时向公安机关报告。

第三十八条 吸毒成瘾人员有下列情形之一的，由县级以上人民政府公安机关做出强制隔离戒毒的决定：

（一）拒绝接受社区戒毒的；

（二）在社区戒毒期间吸食、注射毒品的；

（三）严重违反社区戒毒协议的；

（四）经社区戒毒、强制隔离戒毒后再次吸食、注射毒品的。

对于吸毒成瘾严重，通过社区戒毒难以戒除毒瘾的人员，公安机关可以直接做出强制隔离戒毒的决定。

## 附录

吸毒成瘾人员自愿接受强制隔离戒毒的，经公安机关同意，可以进入强制隔离戒毒场所戒毒。

第三十九条 怀孕或者正在哺乳自己不满一周岁婴儿的妇女吸毒成瘾的，不适用强制隔离戒毒。不满十六周岁的未成年人吸毒成瘾的，可以不适用强制隔离戒毒。

对依照前款规定不适用强制隔离戒毒的吸毒成瘾人员，依照本法规定进行社区戒毒，由负责社区戒毒工作的城市街道办事处、乡镇人民政府加强帮助、教育和监督，督促落实社区戒毒措施。

第四十条 公安机关对吸毒成瘾人员决定予以强制隔离戒毒的，应当制作强制隔离戒毒决定书，在执行强制隔离戒毒前送达被决定人，并在送达后二十四小时以内通知被决定人的家属、所在单位和户籍所在地公安派出所；被决定人不讲真实姓名、住址，身份不明的，公安机关应当自查清其身份后通知。

被决定人对公安机关做出的强制隔离戒毒决定不服的，可以依法申请行政复议或者提起行政诉讼。

第四十一条 对被决定予以强制隔离戒毒的人员，由做出决定的公安机关送强制隔离戒毒场所执行。

强制隔离戒毒场所的设置、管理体制和经费保障，由国务院规定。

第四十二条 戒毒人员进入强制隔离戒毒场所戒毒时,应当接受对其身体和所携带物品的检查。

第四十三条 强制隔离戒毒场所应当根据戒毒人员吸食、注射毒品的种类及成瘾程度等,对戒毒人员进行有针对性的生理、心理治疗和身体康复训练。

根据戒毒的需要,强制隔离戒毒场所可以组织戒毒人员参加必要的生产劳动,对戒毒人员进行职业技能培训。组织戒毒人员参加生产劳动的,应当支付劳动报酬。

第四十四条 强制隔离戒毒场所应当根据戒毒人员的性别、年龄、患病等情况,对戒毒人员实行分别管理。

强制隔离戒毒场所对有严重残疾或者疾病的戒毒人员,应当给予必要的看护和治疗;对患有传染病的戒毒人员,应当依法采取必要的隔离、治疗措施;对可能发生自伤、自残等情形的戒毒人员,可以采取相应的保护性约束措施。

强制隔离戒毒场所管理人员不得体罚、虐待或者侮辱戒毒人员。

第四十五条 强制隔离戒毒场所应当根据戒毒治疗的需要配备执业医师。强制隔离戒毒场所的执业医师具有麻醉药品和精神药品处方权的,可以按照有关技术规范对戒毒人员使用麻醉药品、精神药品。

　　卫生行政部门应当加强对强制隔离戒毒场所执业医师的业务指导和监督管理。

　　第四十六条　戒毒人员的亲属和所在单位或者就读学校的工作人员，可以按照有关规定探访戒毒人员。戒毒人员经强制隔离戒毒场所批准，可以外出探视配偶、直系亲属。

　　强制隔离戒毒场所管理人员应当对强制隔离戒毒场所以外的人员交给戒毒人员的物品和邮件进行检查，防止夹带毒品。在检查邮件时，应当依法保护戒毒人员的通信自由和通信秘密。

　　第四十七条　强制隔离戒毒的期限为二年。

　　执行强制隔离戒毒一年后，经诊断评估，对于戒毒情况良好的戒毒人员，强制隔离戒毒场所可以提出提前解除强制隔离戒毒的意见，报强制隔离戒毒的决定机关批准。

　　强制隔离戒毒期满前，经诊断评估，对于需要延长戒毒期限的戒毒人员，由强制隔离戒毒场所提出延长戒毒期限的意见，报强制隔离戒毒的决定机关批准。强制隔离戒毒的期限最长可以延长一年。

　　第四十八条　对于被解除强制隔离戒毒的人员，强制隔离戒毒的决定机关可以责令其接受不超过三年的社区康复。

社区康复参照本法关于社区戒毒的规定实施。

第四十九条　县级以上地方各级人民政府根据戒毒工作的需要，可以开办戒毒康复场所；对社会力量依法开办的公益性戒毒康复场所应当给予扶持，提供必要的便利和帮助。

戒毒人员可以自愿在戒毒康复场所生活、劳动。戒毒康复场所组织戒毒人员参加生产劳动的，应当参照国家劳动用工制度的规定支付劳动报酬。

第五十条　公安机关、司法行政部门对被依法拘留、逮捕、收监执行刑罚以及被依法采取强制性教育措施的吸毒人员，应当给予必要的戒毒治疗。

第五十一条　省、自治区、直辖市人民政府卫生行政部门会同公安机关、药品监督管理部门依照国家有关规定，根据巩固戒毒成果的需要和本行政区域艾滋病流行情况，可以组织开展戒毒药物维持治疗工作。

第五十二条　戒毒人员在入学、就业、享受社会保障等方面不受歧视。有关部门、组织和人员应当在入学、就业、享受社会保障等方面对戒毒人员给予必要的指导和帮助。

## 第五章　禁毒国际合作

第五十三条　中华人民共和国根据缔结或者参加的国际条约或者按照对等原则，开展禁毒国际合作。

第五十四条　国家禁毒委员会根据国务院授权，负责组织开展禁毒国际合作，履行国际禁毒公约义务。

第五十五条　涉及追究毒品犯罪的司法协助，由司法机关依照有关法律的规定办理。

第五十六条　国务院有关部门应当按照各自职责，加强与有关国家或者地区执法机关以及国际组织的禁毒情报信息交流，依法开展禁毒执法合作。

经国务院公安部门批准，边境地区县级以上人民政府公安机关可以与有关国家或者地区的执法机关开展执法合作。

第五十七条　通过禁毒国际合作破获毒品犯罪案件的，中华人民共和国政府可以与有关国家分享查获的非法所得、由非法所得获得的收益以及供毒品犯罪使用的财物或者财物变卖所得的款项。

第五十八条　国务院有关部门根据国务院授权，可以通过对外援助等渠道，支持有关国家实施毒品原植物替代种植、发展替代产业。

## 第六章　法律责任

第五十九条　有下列行为之一，构成犯罪的，依法追究刑事责任；尚不构成犯罪的，依法给予治安管理处罚：

（一）走私、贩卖、运输、制造毒品的；

（二）非法持有毒品的；

（三）非法种植毒品原植物的；

（四）非法买卖、运输、携带、持有未经灭活的毒品原植物种子或者幼苗的；

（五）非法传授麻醉药品、精神药品或者易制毒化学品制造方法的；

（六）强迫、引诱、教唆、欺骗他人吸食、注射毒品的；

（七）向他人提供毒品的。

第六十条　有下列行为之一，构成犯罪的，依法追究刑事责任；尚不构成犯罪的，依法给予治安管理处罚：

（一）包庇走私、贩卖、运输、制造毒品的犯罪分子，以及为犯罪分子窝藏、转移、隐瞒毒品或者犯罪所得财物的；

（二）在公安机关查处毒品违法犯罪活动时为违法犯罪行为人通风报信的；

（三）阻碍依法进行毒品检查的；

（四）隐藏、转移、变卖或者损毁司法机关、行政执法机关依法扣押、查封、冻结的涉及毒品违法犯罪活动的财物的。

第六十一条 容留他人吸食、注射毒品或者介绍买卖毒品，构成犯罪的，依法追究刑事责任；尚不构成犯罪的，由公安机关处十日以上十五日以下拘留，可以并处三千元以下罚款；情节较轻的，处五日以下拘留或者五百元以下罚款。

第六十二条 吸食、注射毒品的，依法给予治安管理处罚。吸毒人员主动到公安机关登记或者到有资质的医疗机构接受戒毒治疗的，不予处罚。

第六十三条 在麻醉药品、精神药品的实验研究、生产、经营、使用、储存、运输、进口、出口以及麻醉药品药用原植物种植活动中，违反国家规定，致使麻醉药品、精神药品或者麻醉药品药用原植物流入非法渠道，构成犯罪的，依法追究刑事责任；尚不构成犯罪的，依照有关法律、行政法规的规定给予处罚。

第六十四条 在易制毒化学品的生产、经营、购买、运输或者进口、出口活动中，违反国家规定，致使易制毒化学品流入非法渠道，构成犯罪的，依法追究刑事责任；尚不构成犯罪的，依照有关法律、行政法规的规定给予处罚。

第六十五条　娱乐场所及其从业人员实施毒品违法犯罪行为，或者为进入娱乐场所的人员实施毒品违法犯罪行为提供条件，构成犯罪的，依法追究刑事责任；尚不构成犯罪的，依照有关法律、行政法规的规定给予处罚。

娱乐场所经营管理人员明知场所内发生聚众吸食、注射毒品或者贩毒活动，不向公安机关报告的，依照前款的规定给予处罚。

第六十六条　未经批准，擅自从事戒毒治疗业务的，由卫生行政部门责令停止违法业务活动，没收违法所得和使用的药品、医疗器械等物品；构成犯罪的，依法追究刑事责任。

第六十七条　戒毒医疗机构发现接受戒毒治疗的戒毒人员在治疗期间吸食、注射毒品，不向公安机关报告的，由卫生行政部门责令改正；情节严重的，责令停业整顿。

第六十八条　强制隔离戒毒场所、医疗机构、医师违反规定使用麻醉药品、精神药品，构成犯罪的，依法追究刑事责任；尚不构成犯罪的，依照有关法律、行政法规的规定给予处罚。

第六十九条　公安机关、司法行政部门或者其他有关主管部门的工作人员在禁毒工作中有下列行为之一，构成犯罪的，依法追究刑事责任；尚不构成犯罪的，依法给予处分：

（一）包庇、纵容毒品违法犯罪人员的；

（二）对戒毒人员有体罚、虐待、侮辱等行为的；

（三）挪用、截留、克扣禁毒经费的；

（四）擅自处分查获的毒品和扣押、查封、冻结的涉及毒品违法犯罪活动的财物的。

第七十条 有关单位及其工作人员在入学、就业、享受社会保障等方面歧视戒毒人员的，由教育行政部门、劳动行政部门责令改正；给当事人造成损失的，依法承担赔偿责任。

## 第七章 附 则

第七十一条 本法自2008年6月1日起施行。《全国人民代表大会常务委员会关于禁毒的决定》同时废止。

（第十届全国人民代表大会常务委员会第三十一次会议通过）

## 附录七　中华人民共和国禁毒条例

（中华人民共和国国务院）

### 第一章　总　　则

第一条　为了规范戒毒工作，帮助吸毒成瘾人员戒除毒瘾，维护社会秩序，根据《中华人民共和国禁毒法》，制定本条例。

第二条　县级以上人民政府应当建立政府统一领导，禁毒委员会组织、协调、指导，有关部门各负其责，社会力量广泛参与的戒毒工作体制。

戒毒工作坚持以人为本、科学戒毒、综合矫治、关怀救助的原则，采取自愿戒毒、社区戒毒、强制隔离戒毒、社区康复等多种措施，建立戒毒治疗、康复指导、救助服务兼备的工作体系。

第三条　县级以上人民政府应当按照国家有关规定将戒毒工作所需经费列入本级财政预算。

第四条　县级以上地方人民政府设立的禁毒委员会可

以组织公安机关、卫生行政和药品监督管理部门开展吸毒监测、调查，并向社会公开监测、调查结果。

县级以上地方人民政府公安机关负责对涉嫌吸毒人员进行检测，对吸毒人员进行登记并依法实行动态管控，依法责令社区戒毒、决定强制隔离戒毒、责令社区康复，管理公安机关的强制隔离戒毒场所、戒毒康复场所，对社区戒毒、社区康复工作提供指导和支持。

设区的市级以上地方人民政府司法行政部门负责管理司法行政部门的强制隔离戒毒场所、戒毒康复场所，对社区戒毒、社区康复工作提供指导和支持。

县级以上地方人民政府卫生行政部门负责戒毒医疗机构的监督管理，会同公安机关、司法行政等部门制定戒毒医疗机构设置规划，对戒毒医疗服务提供指导和支持。

县级以上地方人民政府民政、人力资源社会保障、教育等部门依据各自的职责，对社区戒毒、社区康复工作提供康复和职业技能培训等指导和支持。

第五条 乡（镇）人民政府、城市街道办事处负责社区戒毒、社区康复工作。

第六条 县级、设区的市级人民政府需要设置强制隔离戒毒场所、戒毒康复场所的，应当合理布局，报省、自治区、直辖市人民政府批准，并纳入当地国民经济和社会发展规划。

强制隔离戒毒场所、戒毒康复场所的建设标准，由国务院建设部门、发展改革部门会同国务院公安部门、司法行政部门制定。

第七条　戒毒人员在入学、就业、享受社会保障等方面不受歧视。

对戒毒人员戒毒的个人信息应当依法予以保密。对戒断三年未复吸的人员，不再实行动态管控。

第八条　国家鼓励、扶持社会组织、企业、事业单位和个人参与戒毒科研、戒毒社会服务和戒毒社会公益事业。

对在戒毒工作中有显著成绩和突出贡献的，按照国家有关规定给予表彰、奖励。

## 第二章　自愿戒毒

第九条　国家鼓励吸毒成瘾人员自行戒除毒瘾。吸毒人员可以自行到戒毒医疗机构接受戒毒治疗。对自愿接受戒毒治疗的吸毒人员，公安机关对其原吸毒行为不予处罚。

第十条　戒毒医疗机构应当与自愿戒毒人员或者其监护

人签订自愿戒毒协议，就戒毒方法、戒毒期限、戒毒的个人信息保密、戒毒人员应当遵守的规章制度、终止戒毒治疗的情形等作出约定，并应当载明戒毒疗效、戒毒治疗风险。

第十一条　戒毒医疗机构应当履行下列义务：

（一）对自愿戒毒人员开展艾滋病等传染病的预防、咨询教育；

（二）对自愿戒毒人员采取脱毒治疗、心理康复、行为矫治等多种治疗措施，并应当符合国务院卫生行政部门制定的戒毒治疗规范；

（三）采用科学、规范的诊疗技术和方法，使用的药物、医院制剂、医疗器械应当符合国家有关规定；

（四）依法加强药品管理，防止麻醉药品、精神药品流失滥用。

第十二条　符合参加戒毒药物维持治疗条件的戒毒人员，由本人申请，并经登记，可以参加戒毒药物维持治疗。登记参加戒毒药物维持治疗的戒毒人员的信息应当及时报公安机关备案。

戒毒药物维持治疗的管理办法，由国务院卫生行政部门会同国务院公安部门、药品监督管理部门制定。

## 第三章 社区戒毒

**第十三条** 对吸毒成瘾人员，县级、设区的市级人民政府公安机关可以责令其接受社区戒毒，并出具责令社区戒毒决定书，送达本人及其家属，通知本人户籍所在地或者现居住地乡（镇）人民政府、城市街道办事处。

**第十四条** 社区戒毒人员应当自收到责令社区戒毒决定书之日起十五日内到社区戒毒执行地乡（镇）人民政府、城市街道办事处报到，无正当理由逾期不报到的，视为拒绝接受社区戒毒。

社区戒毒的期限为三年，自报到之日起计算。

**第十五条** 乡（镇）人民政府、城市街道办事处应当根据工作需要成立社区戒毒工作领导小组，配备社区戒毒专职工作人员，制订社区戒毒工作计划，落实社区戒毒措施。

**第十六条** 乡（镇）人民政府、城市街道办事处，应当在社区戒毒人员报到后及时与其签订社区戒毒协议，明确社区戒毒的具体措施、社区戒毒人员应当遵守的规定以及违反社区戒毒协议应承担的责任。

**第十七条** 社区戒毒专职工作人员、社区民警、社区医务人员、社区戒毒人员的家庭成员以及禁毒志愿者共同组成社区戒毒工作小组具体实施社区戒毒。

第十八条　乡（镇）人民政府、城市街道办事处和社区戒毒工作小组应当采取下列措施管理、帮助社区戒毒人员：

（一）戒毒知识辅导；

（二）教育、劝诫；

（三）职业技能培训，职业指导，就学、就业、就医援助；

（四）帮助戒毒人员戒除毒瘾的其他措施。

第十九条　社区戒毒人员应当遵守下列规定：

（一）履行社区戒毒协议；

（二）根据公安机关的要求，定期接受检测；

（三）离开社区戒毒执行地所在县（市、区）三日以上的，须书面报告。

第二十条　社区戒毒人员在社区戒毒期间，逃避或者拒绝接受检测三次以上，擅自离开社区戒毒执行地所在县（市、区）三次以上或者累计超过三十日的，属于《中华人民共和国禁毒法》规定的"严重违反社区戒毒协议"。

第二十一条　社区戒毒人员拒绝接受社区戒毒，在社区戒毒期间又吸食、注射毒品，以及严重违反社区戒毒协议的，社区戒毒专职工作人员应当及时向当地公安机关报告。

第二十二条　社区戒毒人员的户籍所在地或者现居住地发生变化，需要变更社区戒毒执行地的，社区戒毒执行地乡（镇）人民政府、城市街道办事处应当将有关材料转送至变更后的乡（镇）人民政府、城市街道办事处。

社区戒毒人员应当自社区戒毒执行地变更之日起十五日内前往变更后的乡（镇）人民政府、城市街道办事处报到，社区戒毒时间自报到之日起连续计算。

变更后的乡（镇）人民政府、城市街道办事处，应当按照本条例第十六条的规定，与社区戒毒人员签订新的社区戒毒协议，继续执行社区戒毒。

第二十三条　社区戒毒自期满之日起解除。社区戒毒执行地公安机关应当出具解除社区戒毒通知书送达社区戒毒人员本人及其家属，并在七日内通知社区戒毒执行地乡（镇）人民政府、城市街道办事处。

第二十四条　社区戒毒人员被依法收监执行刑罚、采取强制性教育措施的，社区戒毒终止。

社区戒毒人员被依法拘留、逮捕的，社区戒毒中止，由羁押场所给予必要的戒毒治疗，释放后继续接受社区戒毒。

## 第四章　强制隔离戒毒

第二十五条　吸毒成瘾人员有《中华人民共和国禁毒法》第三十八条第一款所列情形之一的，由县级、设区的市级人民政府公安机关做出强制隔离戒毒的决定。

对于吸毒成瘾严重，通过社区戒毒难以戒除毒瘾的人员，县级、设区的市级人民政府公安机关可以直接做出强制隔离戒毒的决定。

吸毒成瘾人员自愿接受强制隔离戒毒的，经强制隔离戒毒场所所在地县级、设区的市级人民政府公安机关同意，可以进入强制隔离戒毒场所戒毒。强制隔离戒毒场所应当与其就戒毒治疗期限、戒毒治疗措施等作出约定。

第二十六条　对依照《中华人民共和国禁毒法》第三十九条第一款规定不适用强制隔离戒毒的吸毒成瘾人员，县级、设区的市级人民政府公安机关应当做出社区戒毒的决定，依照本条例第三章的规定进行社区戒毒。

第二十七条　强制隔离戒毒的期限为二年，自作出强制隔离戒毒决定之日起计算。

被强制隔离戒毒的人员在公安机关的强制隔离戒毒场所执行强制隔离戒毒三个月至六个月后，转至司法行政部门的强制隔离戒毒场所继续执行强制隔离戒毒。

执行前款规定不具备条件的省、自治区、直辖市，由公安机关和司法行政部门共同提出意见报省、自治区、直辖市人民政府决定具体执行方案，但在公安机关的强制隔离戒毒场所执行强制隔离戒毒的时间不得超过十二个月。

第二十八条　强制隔离戒毒场所对强制隔离戒毒人员的身体和携带物品进行检查时发现的毒品等违禁品，应当依法处理；对生活必需品以外的其他物品，由强制隔离戒毒场所代为保管。

女性强制隔离戒毒人员的身体检查，应当由女性工作人员进行。

第二十九条　强制隔离戒毒场所设立戒毒医疗机构应当经所在地省、自治区、直辖市人民政府卫生行政部门批准。强制隔离戒毒场所应当配备设施设备及必要的管理人员，依法为强制隔离戒毒人员提供科学规范的戒毒治疗、心理治疗、身体康复训练和卫生、道德、法制教育，开展职业技能培训。

第三十条　强制隔离戒毒场所应当根据强制隔离戒毒人员的性别、年龄、患病等情况对强制隔离戒毒人员实行分别管理；对吸食不同种类毒品的，应当有针对性地采取必要的

## 附录

治疗措施；根据戒毒治疗的不同阶段和强制隔离戒毒人员的表现，实行逐步适应社会的分级管理。

第三十一条　强制隔离戒毒人员患严重疾病，不出所治疗可能危及生命的，经强制隔离戒毒场所主管机关批准，并报强制隔离戒毒决定机关备案，强制隔离戒毒场所可以允许其所外就医。所外就医的费用由强制隔离戒毒人员本人承担。

所外就医期间，强制隔离戒毒期限连续计算。对于健康状况不再适宜回所执行强制隔离戒毒的，强制隔离戒毒场所应当向强制隔离戒毒决定机关提出变更为社区戒毒的建议，强制隔离戒毒决定机关应当自收到建议之日起七日内，做出是否批准的决定。经批准变更为社区戒毒的，已执行的强制隔离戒毒期限折抵社区戒毒期限。

第三十二条　强制隔离戒毒人员脱逃的，强制隔离戒毒场所应当立即通知所在地县级人民政府公安机关，并配合公安机关追回脱逃人员。被追回的强制隔离戒毒人员应当继续执行强制隔离戒毒，脱逃期间不计入强制隔离戒毒期限。被追回的强制隔离戒毒人员不得提前解除强制隔离戒毒。

第三十三条　对强制隔离戒毒场所依照《中华人民共和国禁毒法》第四十七条第二款、第三款规定提出的提前解除强制隔离戒毒、延长戒毒期限的意见，强制隔离戒毒决定机关应当自收到意见之日起七日内，做出是否批准的决定。对提前解除强制隔离戒毒或者延长强制隔离戒毒期限的，批准机关应当出具提前解除强制隔离戒毒决定书或者延长强制隔离戒毒期限决定书，送达被决定人，并在送达后二十四小时以内通知被决定人的家属、所在单位以及其户籍所在地或者现居住地公安派出所。

第三十四条 解除强制隔离戒毒的，强制隔离戒毒场所应当在解除强制隔离戒毒三日前通知强制隔离戒毒决定机关，出具解除强制隔离戒毒证明书送达戒毒人员本人，并通知其家属、所在单位、其户籍所在地或者现居住地公安派出所将其领回。

第三十五条 强制隔离戒毒诊断评估办法由国务院公安部门、司法行政部门会同国务院卫生行政部门制定。

第三十六条 强制隔离戒毒人员被依法收监执行刑罚、采取强制性教育措施或者被依法拘留、逮捕的，由监管场所、羁押场所给予必要的戒毒治疗，强制隔离戒毒的时间连续计算；刑罚执行完毕时、解除强制性教育措施时或者释放时强制隔离戒毒尚未期满的，继续执行强制隔离戒毒。

## 第五章　社区康复

第三十七条　对解除强制隔离戒毒的人员,强制隔离戒毒的决定机关可以责令其接受不超过三年的社区康复。

社区康复在当事人户籍所在地或者现居住地乡(镇)人民政府、城市街道办事处执行,经当事人同意,也可以在戒毒康复场所中执行。

第三十八条　被责令接受社区康复的人员,应当自收到责令社区康复决定书之日起十五日内到户籍所在地或者现居住地乡(镇)人民政府、城市街道办事处报到,签订社区康复协议。

被责令接受社区康复的人员拒绝接受社区康复或者严重违反社区康复协议,并再次吸食、注射毒品被决定强制隔离戒毒的,强制隔离戒毒不得提前解除。

第三十九条　负责社区康复工作的人员应当为社区康复人员提供必要的心理治疗和辅导、职业技能培训、职业指导以及就学、就业、就医援助。

第四十条　社区康复自期满之日起解除。社区康复执行地公安机关出具解除社区康复通知书送达社区康复人员本人及其家属,并在七日内通知社区康复执行地乡(镇)人民政府、城市街道办事处。

第四十一条　自愿戒毒人员、社区戒毒、社区康复的人员可以自愿与戒毒康复场所签订协议，到戒毒康复场所戒毒康复、生活和劳动。

戒毒康复场所应当配备必要的管理人员和医务人员，为戒毒人员提供戒毒康复、职业技能培训和生产劳动条件。

第四十二条　戒毒康复场所应当加强管理，严禁毒品流入，并建立戒毒康复人员自我管理、自我教育、自我服务的机制。

戒毒康复场所组织戒毒人员参加生产劳动，应当参照国家劳动用工制度的规定支付劳动报酬。

## 第六章　法律责任

第四十三条　公安、司法行政、卫生行政等有关部门工作人员泄露戒毒人员个人信息的，依法给予处分；构成犯罪的，依法追究刑事责任。

第四十四条　乡（镇）人民政府、城市街道办事处负责社区戒毒、社区康复工作的人员有下列行为之一的，依法给予处分：

（一）未与社区戒毒、社区康复人员签订社区戒毒、社区康复协议，不落实社区戒毒、社区康复措施的；

（二）不履行本条例第二十一条规定的报告义务的；

（三）其他不履行社区戒毒、社区康复监督职责的行为。

第四十五条　强制隔离戒毒场所的工作人员有下列行为之一的，依法给予处分；构成犯罪的，依法追究刑事责任：

（一）侮辱、虐待、体罚强制隔离戒毒人员的；

（二）收受、索要财物的；

（三）擅自使用、损毁、处理没收或者代为保管的财物的；

（四）为强制隔离戒毒人员提供麻醉药品、精神药品或者违反规定传递其他物品的；

（五）在强制隔离戒毒诊断评估工作中弄虚作假的；

（六）私放强制隔离戒毒人员的；

（七）其他徇私舞弊、玩忽职守、不履行法定职责的行为。

## 第七章　附　　则

第四十六条　本条例自公布之日起施行。1995年1月12日国务院发布的《强制戒毒办法》同时废止。

## 附录八　戒毒领域词汇解释

### ●用人单位

现有的禁毒社工皆由社会服务机构聘请，并安排在不同的政府或民政单位驻点工作，这些单位叫做用人单位。以深圳为例，区政法委向社会服务机构购买禁毒岗位社工，并安排到不同街道办开展禁毒社会工作。而东莞的禁毒社工则由东莞市禁毒办购买岗位，并安排在七个镇街的综治办开展禁毒社会工作。

### ●社区戒毒

社区戒毒是指禁毒社工在社区的牵头、监管下，整合家庭、社区、公安以及卫生、民政等力量和资源，使吸毒人员在社区里实现戒毒，期限为三年。公安人员将随时对戒毒人员实行尿检。对于就业困难、生活困难的吸毒人员，有关部门将通过劳动技能培训、纳入低保等方式给予帮助。如不配合社区戒毒，将解除戒毒协议，由公安机关施行强制戒毒。

### ●强制隔离戒毒

强制隔离戒毒，简称"强戒"。根据《中国人民共和国禁毒法》第三十八条，吸毒成瘾人员有下列情形之一的，由县级以上人民政府公安机关做出强制隔离戒毒的决定：

（1）拒绝接受社区戒毒的；

（2）在社区戒毒期间吸食、注射毒品的；

（3）严重违反社区戒毒协议的；

（4）经社区戒毒、强制隔离戒毒后再次吸食、注射毒品的。

对于吸毒成瘾严重、通过社区戒毒难以戒除毒瘾的人员，公安机关可以直接做出强制隔离戒毒的决定。吸毒成瘾人员自愿接受强制隔离戒毒的，经公安机关同意，可以进入强制隔离戒毒场所戒毒。

### ●社区康复

社区康复是对解除强制隔离戒毒的人员，责令其接受不超过三年的社区康复，以帮助他们离开吸毒的生活，重投社会。对已戒断三年未复吸的人员，将不再实行动态管控。

### ●治保主任

在深圳，一般的治安管理行政编制为：深圳市辖下设有若干区，区之下有若干镇或街道，街道设综治办，街道之下有村委会，村委会内设治保主任。治保主任是负责该村一切治安及其预防事宜，例如犯罪、吸毒、火警等问题。因此，治保主任对村内一切居民的居停及近况等都比较了解和熟悉。

### ●减低伤害

减低伤害是过去数十年间从事禁毒的工作人员经常引用的概念与方法。此概念与方法与其他两种减低概念与方法，即"减低供应"、"减低需求"合称为"三减"政策。

减低伤害的理念是，假若我们不能马上彻底消除某种不良行为，如吸毒等行为(尽管我们的理想及目标是如此)，那么我们便应在达到这一目标(彻底协助吸毒人士戒除毒癖)前，协助当事人避免或减轻当其仍然从事该不良行为时对他本人及其家人所造成的伤害。简言之，我们是要教导当事人摈弃该不良行为，方法须由浅入深，使其容易接受，并使其蒙受的伤害慢慢减轻直至最终消失（戒除不良行为）为止。

### ●排查工作

这是指按入册的吸毒人员名单进行回访，针对禁毒办提供的名单，对每一个人进行调查。

### ●无缝接轨

这是禁毒社工工作的项目之一，旨在为吸毒人员离开戒毒所前制订出所后计划，避免因生活及适应问题诱发复吸。

### ●药物使用

药物使用是指抱尝试心态的使用者，暂时没有出现任何不良后果，包括心理和社交上的缺损，以及未出现难以遏制或沉迷使用的情况。然而，这些案主很有机会发展成为滥药或药物依赖者。因此，一些预防性及专为改变药物使用行为的介入计划对他们很有帮助。

### ●药物滥用

这是药物依赖形成之前的一个比较轻微的阶段。诊断准则为在最少一个月内，在明白使用药物会导致社交、工作、心理或健康问题的情况下，仍然继续使用。诊断的重点在于使用药物导致不良后果重复出现。评估者必须尝试分辨哪些问题是由使用药物引起，哪些是由并存的精神障碍或家庭功能障碍引致。

● 药物依赖（或上瘾）

这是比药物滥用更严重的一个阶段，包括各种征兆、症状，显示出身体已形成依赖或难以遏止的使用行为等连串不良后果。

● 药物（指定）中毒

急性中毒是使用精神药物后的一个短暂情况，会引致个人的意识（知觉）、认知、感觉、情感或行为或其他心理功能和反应的失调。中毒通常与药物使用的剂量有密切的关系。不过，假如身体有某些特殊情况（如肾或肝功能衰竭），即使剂量很少的药物也有可能产生异常严重的中毒反应。急性中毒是一个短暂的现象，它的强度会随时间慢慢减弱。在停止使用药物的情况下，其效果也会逐渐消失，中毒是可以完全复原的。但若有细胞组织损坏或其他并发症出现则例外。

附录

● 药物(指定)戒断

戒断是形容在重复、持久或大量地使用某种药物后，在完全停用或减少剂量（戒断）期间所出现的症候群。戒断状态的开始及过程均有时间限制，并且与药物的种类及在戒断前所使用的剂量有关。身体的症状因药物而异。常见的心理戒断反应包括焦虑、抑郁、睡眠失调等情况。

● 服务量指标

这是为了衡量每类服务的一些基本服务量表现而订立的标准。

● 服务成效指标

这是为了量度服务成效而订立的标准。

● 中华人民共和国禁毒法（参阅附录六）

该法是中国首次有系统地，为了预防和惩治毒品违法犯罪行为，保护公民身心健康，维护社会秩序而制定的专项法律。该法由中华人民共和国第十届全国人民代表大会常务委员会第三十一次会议于2007年12月29日通过，2008年6月1日颁布施行，共计七章七十一条。

●中华人民共和国戒毒条例（参阅附录七）

这是为了规范社区戒毒及康复工作，帮助吸毒成瘾人员戒除毒瘾，维护社会秩序而制定的政府条例。2011年6月22日由国务院第160次常务会议通过，即日公布施行。

# 参考文献

[1] 中共深圳市委，市人民政府.关于加强社会工作人才队伍建设，推进社会工作发表的意见.2007-10-25.

[2] Uire Bronfenbrenner.The ecology of human development:Experiments by nature and design. Cambridge, MA:Harvard University Press.1979.

[3] Murphy G.E.Psychiatric aspects of suicidal behaviour: substance abuse. In The International Handbook of Suicide and Attempted Suicide. Hawton & K. Van Heeringen(eds.). Chichester: John Wiley & Sons. 2000.

[4] 生命热线. 社区教育及预防自杀信息.http://www.sps.org.hk/index.php?id=11&cid=2#title3. 2011.

[5] 黄蔚澄，傅景华，陈彦君.给自杀者家属的实务指引.香港：香港大学香港赛马会防止自杀研究中心.http://csrp.hku.hk/sos/survivor/tc/page12/page12.html.2007.

[6] Joseph.A.D. School-Based Prevention Programs for children and adolescents.London:International educational and professional Publisher.1995.